U0515778

本图录出版得到国家文物保护专项经费资助

本图录为国家社科基金青年项目"浙江慈溪上林湖后司岙窑址发掘资料整理与研究"（项目批准号：19CKG013）阶段性成果之一

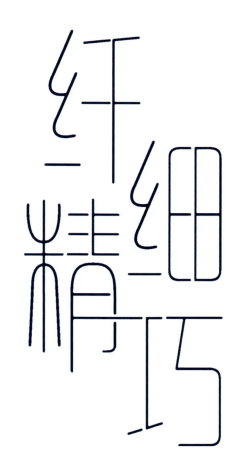

纤细精巧

上林湖后司岙窑址出土
北宋早期瓷器

浙江省文物考古研究所
慈溪市文物保护中心　编著

文物出版社

图书在版编目（CIP）数据

纤细精巧：上林湖后司岙窑址出土北宋早期瓷器 /
浙江省文物考古研究所，慈溪市文物保护中心编著. --
北京：文物出版社，2023.6
　　ISBN 978-7-5010-7914-8

　　Ⅰ.①纤… Ⅱ.①浙… ②慈… Ⅲ.①瓷器（考古）—
研究—中国—北宋 Ⅳ.①K876.34

中国国家版本馆CIP数据核字（2023）第021688号

浙江省文物考古研究所公共考古与图录　第 44 号

纤细精巧
—— 上林湖后司岙窑址出土北宋早期瓷器

编　　著　浙江省文物考古研究所
　　　　　慈溪市文物保护中心

责任编辑　谷艳雪　王　媛
责任印制　张道奇
责任校对　陈　婧

出版发行　文物出版社
社　　址　北京市东城区东直门内北小街2号楼
邮　　编　100007
网　　址　http://www.wenwu.com
经　　销　新华书店
制版印刷　天津图文方嘉印刷有限公司
开　　本　889mm×1194mm　1/16
印　　张　14.75
版　　次　2023年6月第1版
印　　次　2023年6月第1次印刷
书　　号　ISBN 978-7-5010-7914-8
定　　价　360.00元

目　录

碗

北宋早期越窑瓷器的生产与流布

谢西营

浙江省文物考古研究所

　　北宋时期是越窑发展史上的重要时期，也是越窑制瓷生产史上的重要转折时期。考古调查和发掘资料显示，北宋早期越窑瓷业生产仍延续着五代以来的兴盛态势，生产规模进一步扩大。本文结合学界研究成果、最新考古发掘和调查资料，对北宋早期的越窑制瓷业相关问题进行研究，重点探索其窑业生产状况和国内外市场流布情况等。

一、北宋早期越窑的年代及面貌

　　对于北宋越窑，很多学者已经从不同角度进行过深入探讨，其中不乏对北宋时期越窑瓷器的分期研究（表1）。

表1　北宋时期越窑分期意见表

序号	分期者	分期依据	分期意见		
1	唐炜[1]	寺龙口窑址及调查资料	建隆元年至治平四年（960～1067）		熙宁元年至靖康二年（1068～1127）
2	金英美[2]	寺龙口窑址发掘资料	建隆元年至乾兴元年（960～1022）	天圣元年至靖康二年（1023～1127）	
3	沈岳明[3]	寺龙口窑址发掘资料	北宋早期（960～1022）	北宋中期（1023～1077）	北宋晚期（1078～1127）
4	陈克伦[4]	越窑纪年资料	北宋早期（960～997）	北宋中期（998～1063）	北宋晚期（1064～1126）
5	郑嘉励[5]	越窑刻划花装饰工艺	北宋早期（建隆元年至真宗、仁宗两朝之交）	北宋中期（真宗、仁宗两朝之交至神宗元丰元年前后）	北宋晚期至南宋初（神宗元丰元年前后至宋绍兴四年前后）

　　本文整合上述诸家分期意见，尤其是借鉴慈溪古银锭湖寺龙口窑址的分期方案，将北宋早期越窑的年代确定为宋太祖建隆元年至宋真宗乾兴元年（960～1022）。这一时期越窑瓷器产品种类丰富多样，器形精致端整，胎质细腻，釉色大都青绿明亮，与之前越窑多见的滋润匀净的青泛黄釉明显不同。装饰方面，此期最重要

1. 唐炜：《唐宋越窑初步研究》，北京大学硕士学位论文，2000年。
2. 金英美：《越窑研究》，北京大学博士学位论文，2002年。
3. 浙江省文物考古研究所、北京大学考古文博学院、慈溪市文物管理委员会：《寺龙口越窑址》，文物出版社，2002年。
4. 陈克伦：《宋代越窑编年的考古学观察——兼论寺龙口窑址的分期问题》，《上海博物馆集刊（第九期）》，上海书画出版社，2002年，第234～246页。
5. 郑嘉励：《宋代越窑刻划花工艺浅析——以碗盘为例》，《浙江省文物考古研究所学刊（第五辑）》，杭州出版社，2002年，第107～120页。

的特点是纤细繁复的细线划花纹饰大量出现，碗、盏、杯、盘、钵、盏托、罐、温碗、器盖等器物上都有使用，在器物内底及内、外腹均有分布。纹样题材丰富，以植物纹饰最为常见，有莲荷纹、菊瓣纹、缠枝四荷纹、牡丹纹、缠枝花草纹等；动物纹饰也较多见，有龙纹、凤纹、孔雀纹、飞雁纹、喜鹊花卉纹、鹦鹉纹、翔鹤纹、雀纹、摩羯纹、龟心荷叶纹等。此类装饰方法使越窑突破了晚唐五代时期以器形和釉色取胜的传统，开创了追求纹饰美的新风格，纹样装饰成为此后越窑最主要的装饰技法。装烧工艺方面以匣钵单件装烧为主，匣钵和坯件之间多用垫圈间隔。

二、北宋早期越窑瓷业的生产

北宋早期越窑瓷业的生产存在三大生产中心，分别是以上林湖为中心的慈溪地区、以窑寺前为中心的上虞地区和以东钱湖为中心的鄞州地区，其中又以慈溪地区窑址最为集中、窑址数量最多。

（一）以上林湖为中心的慈溪地区

自 1990 年开始，浙江省文物考古研究所、慈溪市文物管理委员会组织上林湖窑址考察组对上林湖青瓷窑址群进行了多次调查和勘探，发现窑址 110 余处，进行了详细的窑址分布及地形图测绘。

以上林湖为中心的慈溪地区，窑址可分为四个片区，分别为上林湖片区、白洋湖片区、古银锭湖片区和里杜湖片区。

上林湖片区北宋早期的窑址点有 Y13、Y17、Y19、Y20、Y21、Y24、Y26 丙、Y28、Y30、Y31、Y32、Y33、Y34、Y35、Y36（荷花芯）、Y39、Y40、Y41、Y43、Y44、Y49、Y52、Y55 乙、Y56、Y59 乙、Y60、Y62、Y63、Y64（后司岙）、Y65（后司岙）、Y66 乙（后司岙）、Y67、Y68、Y69、Y70、Y71、Y74、Y75、Y84、Y86、Y87、Y88、Y89、Y100、Y105 和 Y107 等 46 处。白洋湖片区北宋早期的窑址点有 Y2（石马弄）1 处。古银锭湖片区北宋早期的窑址点有 Y5、Y6、Y7、Y16、Y11、Y14、Y19、Y20、Y21、Y28、Y30 等 11 处。[1]

其中古银锭湖片区的寺龙口窑址、白洋湖片区的石马弄窑址和上林湖片区的后司岙窑址的考古发掘中都揭露出了北宋早期窑业废品堆积，出土了大量瓷片和窑具标本。

1. 古银锭湖片区寺龙口窑址的发掘

1998 年 9 月至 12 月以及 1999 年 9 月至 12 月，浙江省文物考古研究所联合北京大学考古文博学院、慈溪市文物管理委员会对寺龙口窑址进行了两期考古发掘，揭露龙窑遗迹 1 处、作坊遗迹 2 处、匣钵墙遗迹 4 处，出土各类瓷器、窑具 5 万余件（片），其中包含大量北宋早期的遗物。

1. 慈溪市博物馆：《上林湖越窑》，科学出版社，2002 年。

北宋早期的地层主要分布在 Y1 南侧的 T6、T7、T8，堆积厚，层次多。T7 堆积最厚处达 4.55 米，分 6 层。出土遗物十分丰富。瓷器种类繁多，以碗、盘、盏等饮食器为大宗。胎体趋于轻薄，釉以青黄、青绿、青泛灰最为常见，釉面多光莹。细观之，则有粗细之别。较粗者，整体造型以及碗、盘等器物的圈足略同五代时期，均素面，无花纹装饰。细者，造型雅致清秀，碗、盘、盏等器物的圈足有所增高，足墙变窄，或直立或外撇，足缘圆滑。细者还盛行花纹装饰，常见细线划花装饰，题材主要有对鹦鹉纹、对蝶纹、龟荷纹、花鸟纹等，还有少量龙纹、凤纹等，线条细密流畅，构图严谨，布局讲究，具有很好的装饰效果。部分器物，尤其是碗、盘等，还在外侧刻出具有浅浮雕效果的莲瓣纹。装烧方面普遍流行匣钵装烧，匣钵以 M 形为主，质地粗糙。粗瓷，碗、盘均为多件叠烧，两坯件以泥条间隔，沿袭五代时期做法。细瓷普遍采用匣钵单件装烧的方式，即一件匣钵装一件器物，以垫圈支垫。垫圈较扁矮，支于器物外底，器足悬空。这一时期匣钵叠接处已不见以釉密封的现象。[1]

2. 白洋湖片区石马弄窑址的发掘

1999 年 2 月至 6 月，配合基本建设，浙江省文物考古研究所与慈溪市文物管理委员会联合对石马弄窑址进行了考古发掘。本次发掘共布设探方 4 个，揭露龙窑窑炉 1 条及匣钵挡墙 1 处，出土了大量瓷器和窑具标本。其中 T3 的第 2 层属于北宋早期废品堆积层。[2]

3. 上林湖片区后司岙窑址的发掘

2015 年 11 月至 2017 年 12 月，浙江省文物考古研究所与慈溪市文物管理委员会联合对上林湖后司岙窑址进行了主动性考古发掘。其中，2015 年至 2016 年的发掘工作主要针对唐五代时期的窑业遗存[3]，2017 年的发掘工作主要针对北宋早期的窑业遗存。

后司岙窑址北宋早期的窑业遗存主要分布于整个窑场的西南部，位于窑炉区域的西南处，其下部直接叠压五代时期的窑业遗存。后司岙北宋早期的窑业遗存主要分布在 TN01W04（图 1）、TN02W05（图 2）和 TN01W05（图 3）三个探方内，其中尤以 TN02W05 和 TN01W04 地层保存状况最好、产品最为丰富。

TN02W05 地层可分为 11 层，其中第 2～8 层均属于北宋早期。出土遗物丰富，包含大量瓷片和窑具。瓷片可辨器形有碗、盘、盆、盏、钵、盒、壶、炉、唾壶、罐等。胎色灰白，胎质较细。青釉，较透明。器物装饰大量流行细线划花，纹样题材有对蝶纹、对鹦鹉纹、对凤纹、鸳鸯戏荷纹、龟心荷叶纹、鹦鹉衔枝纹、摩羯水波纹、龙纹、喜鹊缠枝花纹、四曲缠枝纹、缠枝花纹等。少量器物外腹饰仰莲瓣纹。此外还见有莲子莲蓬纹。窑具主要有匣钵、垫圈等。匣钵均为陶质，质粗，以耐火土制成，器形有 M 形、钵形、筒形等，其中 M 形匣钵又有高矮之分。垫圈可分为圆形和喇叭形两种。

1 . 浙江省文物考古研究所、北京大学考古文博学院、慈溪市文物管理委员会：《浙江越窑寺龙口窑址发掘简报》，《文物》2001 年第 11 期，第 23～42、65 页；浙江省文物考古研究所、北京大学考古文博学院、慈溪市文物管理委员会：《寺龙口越窑址》，文物出版社，2002 年，第 348 页。
2 . 浙江省文物考古研究所、慈溪市文物管理委员会：《浙江慈溪市越窑石马弄窑址的发掘》，《考古》2001 年第 10 期，第 59～72 页。
3 . 浙江省文物考古研究所、慈溪市文物管理委员会：《秘色越器——慈溪上林湖后司岙窑址出土唐五代秘色瓷器》，文物出版社，2017 年。

图 1 TN01W04 探方全景

图 2 TN02W05 探方全景

图 3 TN01W05 探方全景

　　TN01W04 仅清理 2 层，后因第 2 层下发现房址（图 4）而暂停。第 2 层属于北宋早期地层堆积，出土大量瓷片和窑具。可辨器形与 TN02W05 的大体一致，但瓷器外底部多见刻款，包括"大""吉""辛""内""供""官""上""永""子""丁""七""太平戊寅"等。

图 4 房址

（二）以窑寺前为中心的上虞地区

窑寺前周围窑场连绵，拗花山、立柱山、道士山、小娘坎、傅家岭、盘窝湾、大吞山、马窑头、子岭山、龙脐山、胡庵底山、深爿山等地都有北宋早期的窑址。此外，在董家山村的驱猪岭和吸壁蝴蝶山、夏家埠村的帐子山、凌湖村的西凹塘山、冯浦村的乌龟山和窑山等地也有北宋早期的窑址分布。该地区窑址产品丰富，器形有碗、罐、执壶、盒、盏、盏托、碟、盘、杯、灯、熏炉等；釉色大多青绿，亦见淡青、青黄等色；装饰技法主要是细线划花，所见纹饰有荷叶纹、凸棱纹、凹线纹、卷草纹、莲瓣纹、鹦鹉纹、鸟纹、团花纹、江涛纹、荷叶龟心纹等，线条流畅，形象生动。[1]

早在 1956 年，浙江省文物管理委员会的汪济英等就曾对该地区的窑址群进行过调查，涉及寺山（窑寺前）、坳前山（前吞）、立柱山、道士山、盘口湾等窑址点，发现了大量北宋早期的瓷片和窑具标本。瓷片可辨器形有碗、盘、碟、盒、罐、盏、盏托、执壶等。纹样装饰丰富，流行细线划花，题材有卷草纹、缠枝花卉纹、飞鸟纹、环带纹、江涛纹、莲子纹、鹦鹉纹、蝶恋花纹、豌豆花纹等，有些碗外腹饰莲瓣纹。[2]

2012 年至 2013 年，浙江省文物考古研究所联合上虞文物保护管理所对上虞地区的窑业遗存进行了区域性专题考古调查，并对窑寺前片区的傅家岭窑址和窑寺前窑址进行了小规模试掘，出土了大量北宋早期遗物。窑寺前片区目前共确认窑址 24 处，其中五代至北宋时期窑址 19 处。[3] 试掘出土了一批北宋早期的高质量瓷器标本，造型规整，胎质细腻，釉色青翠，刻划精细。器形有碗、盘、碟、钵、盏托、

1. 上虞博物馆编：《瓷国之光——上虞古代瓷业回眸》，浙江人民美术出版社，2007 年，第 12 页。
2. 汪济英：《记五代吴越国的另一官窑——浙江上虞县窑寺前窑址》，《文物》1963 年第 1 期，第 43～47 页。
3. 浙江省文物考古研究所调查资料，未发表。

盏、盒、盒盖、套盒、执壶等。装饰流行细线划花，题材主要是花鸟纹，包括凤凰、白鹭、孔雀、鸿雁、鹦鹉、蝴蝶、缠枝花卉、莲荷等。

（三）以东钱湖为中心的鄞州地区

以东钱湖为中心的鄞州地区，北宋早期窑址共计 10 处[1]，分别是郭家峙窑区的郭家峙窑址[2]，上水窑区的上水窑岙窑址[3]，下水窑区的蛇山窑址，东吴窑区的小白市窑址、沙堰河头窑址、花园山窑址，五乡窑区的河头湾窑址，西坞窑区的陈君庙山窑址[4]、水马池墩窑址和邬花楼窑址。其中上水岙窑址、郭家峙窑址、花园山窑址西北侧废品堆积区、陈君庙山窑址分别进行了试掘和发掘，此外在郭家峙窑址出土有"雍熙一年造此器""□茶□"刻铭的碾磨器。

该地区窑址产品器类有碗、盘、杯、盏、盏托、碟、钵、罐、三联盒、执壶、茶碾等，同类产品形制多样，造型多变。胎质细腻纯净，釉色晶莹青翠，胎壁轻薄。装饰方面普遍流行细线划花和浅浮雕装饰，纹样精美，构图繁密，线条流畅，题材有鹦鹉纹、对蝶纹、莲瓣纹、荷花纹、花草纹、海涛纹、花鸟纹、龙凤纹、莲蓬纹、龟荷纹、孔雀纹、团菊纹等。装烧方面普遍采用匣钵装烧，且不同的器物采用不同形制的匣钵。

三、北宋早期越窑瓷器的流布

（一）国内流布

国内发现的北宋早期越窑瓷器数量较多，据不完全统计，各地已经公布材料的共有 87 件（表 2）。器类丰富，包括有碗盏类（28 件）、盘（15 件）、执壶（9件）、盏托（8 件）、炉类（6 件）、碟（4 件）、洗（3 件）、温碗（3 件）、盒（2件）、盆（2 件）、碗（带托）、釜、罂、套盒、器盖、唾盂、罐等，共计 17 类。每类器物又有多种造型，饰有不同纹样。有些器物带有银釦或者鎏金银釦。个别器物底部有单字款，如元德李后陵出土套盒底部有"千"字款，韩佚夫妇合葬墓出土执壶底部有"永"字款，陈国公主墓出土盘底部有"官"字款，慈溪东安乡上宅村墓葬出土执壶底部有"千"字款。

1. 王结华、罗鹏：《青瓷千年映钱湖》，宁波出版社，2020 年。
2. 浙江省文物管理委员会：《浙江鄞县古瓷窑址调查纪要》，《考古》1964 年第 4 期；林士民：《浙江宁波东钱湖窑场调查与研究》，《中国古陶瓷研究（第三辑）》，紫禁城出版社，1990 年；林士民、林浩：《中国越窑瓷》，宁波出版社，2012 年。
3. 罗鹏：《宁波东钱湖上水岙窑址考古发掘取得重要成果》，《中国文物报》2017 年 6 月 30 日第 8 版；罗鹏、李永宁：《宁波考古六十年》，故宫出版社，2017 年。
4. 张华琴：《浙江奉化陈君庙山窑址群发现两座北宋龙窑》，《中国文物报》2019 年 9 月 27 日第 8 版；浙江省文物局：《浙江省第三次全国文物普查新发现丛书·古窑址》，浙江古籍出版社，2012 年，第 125 页。

表 2　北宋早期越窑瓷器出土情况一览表

序号	时代	出土地点	墓主身份等级/遗址性质	种类及数量（件）	总数(件)
1	辽应历十年（960）	内蒙古巴林左旗辽祖陵 1 号陪葬墓[1]	推测为辽太祖第三子、辽太宗的皇太弟、天下兵马大元帅耶律李胡	盘2、执壶、盖托、碗	5
2	宋乾德二年（961）	江苏苏州云岩寺塔[2]	寺院塔基	碗（图5）	1
3	辽统和十一年（993）	内蒙古多伦县小王力沟辽贵妃墓[3]	辽贵妃	碗、釜、洗、盆、执壶、盖托2	7
4	辽统和十一年（993）	内蒙古巴林左旗白音罕山 M3（韩匡嗣夫妇合葬墓）[4]	辽节度使	碗	1
5	宋咸平元年（998）	浙江绍兴宋墓[5]	平民	罂	1
6	宋咸平元年（998）	浙江黄岩灵石寺塔[6]	寺院塔基	熏炉（图6）	1
7	宋咸平三年（1000）	河南巩县元德李后陵[7]	皇后	盘、碗、套盒（图7）	3
8	宋景德三年（1006）	河南巩义芝田镇芝田村北宋周王赵祐墓[8]	皇子、周王	盏、盖托	2
9	宋大中祥符四年（1011）	北京八宝山韩佚夫妇合葬墓[9]	辽节度使	碟4、温碗、执壶（图8）、盖托、碗2	9
10	天禧二年（1018）	内蒙古奈曼旗陈国公主墓[10]	辽公主	碗8、盘4	12
11	天禧四年（1020）	辽宁朝阳耿延毅夫妇墓[11]	辽节度使	碗5	5
12	10 世纪后期	内蒙古巴林左旗辽祖陵陪葬墓（PM1）[12]	辽太祖耶律阿保机	执壶、洗2、盖托	4

1. 中国社会科学院考古研究所内蒙古第二工作队、内蒙古文物考古研究所:《内蒙古巴林左旗辽祖陵一号陪葬墓》,《考古》2016年第10期,第3～23页。

2. 苏州市文管会:《虎丘云岩寺塔发现文物简报》,《文物参考资料》1957年第11期,彩图30;陈克伦《宋代越窑编年的考古学观察——兼论寺龙口窑址的分期问题》,《上海博物馆集刊（第九期）》,上海书画出版社,2002年,第234～235页;张柏:《中国出土瓷器全集（7）·江苏、上海》,科学出版社,2008年,图版87。

3. 内蒙古文物考古研究所、锡林郭勒盟文物保护管理站、多伦县文物局:《内蒙古多伦县小王力沟辽代墓葬》,《考古》2016年第10期,第56～80页。

4. 内蒙古文物考古研究所、赤峰市博物馆、巴林左旗博物馆:《白音罕山辽代韩氏家族墓地发掘报告》,《内蒙古文物考古》2002年第2期;彭善国:《试述4～11世纪越窑青瓷在东北地区的流布》,《2007'中国越窑高峰论坛论文集》,文物出版社,2008年,第229～233页。

5. 沈作霖:《介绍一件宋咸平元年粮罂瓶》,《浙江文物考古研究所学刊》,文物出版社,1981年,第197页;浙江省博物馆:《浙江纪年瓷》,文物出版社,2000年,图版197;陈克伦:《宋代越窑编年的考古学观察——兼论寺龙口窑址的分期问题》,《上海博物馆集刊》2002年,第237页。

6. 台州地区文管会、黄岩市博物馆:《浙江黄岩灵石寺塔文物清理报告》,《东南文化》1991年第5期,第242～283页;浙江省文物考古研究所:《浙江考古精华》,文物出版社,1999年,第219页;浙江省博物馆:《浙江纪年瓷》,文物出版社,2000年,图版198。

7. 河南省文物研究所、巩县文物保管所:《宋太宗元德李后陵发掘报告》,《华夏考古》1988年第3期,第36～39页。

8. 此材料承河南省文物考古研究所赵文军先生提供,谨致谢忱。

9. 北京市文物工作队:《辽韩佚墓发掘报告》,《考古学报》1984年第3期,第361～381页;黄绣纯:《辽韩佚墓出土越窑青瓷》,《收藏家》2006年9月,第25～28页;陈克伦:《宋代越窑编年的考古学观察——兼论寺龙口窑址的分期问题》,《上海博物馆集刊（第九期）》,上海书画出版社,2002年,第236页。

10. 内蒙古自治区文物考古研究所、哲里木盟博物馆:《辽陈国公主墓》,文物出版社,1993年,第55页。

11. 朝阳地区博物馆:《辽宁朝阳姑营子辽耿氏墓发掘报告》,《考古学集刊（第3集）》,中国社会科学出版社,1983年,第184页。

12. 董新林、塔拉、康立君:《内蒙古巴林左旗辽代祖陵考古发掘》,《2007中国重要考古发现》,文物出版社,2008年,第132～137页。

序号	时代	出土地点	墓主身份等级/遗址性质	种类及数量（件）	总数（件）
13	10世纪末11世纪初	内蒙古哲里木盟奈林稿1号墓[1]	墓主身份不明	碗5、盆	6
14	10世纪后期到11世纪初	辽宁义县清河门第4号墓[2]	官员家属	盘	1
15	10世纪末至11世纪初	辽宁辽阳市南郊南林子墓[3]	墓主身份不明，小型砖墓	盘3	3
16	11世纪20年代前后	辽宁阜新关山M5[4]	辽契丹贵族	执壶、温碗、盖托、器盖	4
17	辽（北宋早期）	辽宁朝阳耿氏家族墓3号墓[5]	契丹贵族	执壶、温碗、花口碗、唾盂、盖托	5
18	北宋早期	浙江义乌市廿三里乡王店村[6]	不明	执壶	1
19	北宋早期	浙江绍兴县鉴湖镇官山岙村[7]	不明	盒	1
20	北宋早期	浙江慈溪市樟树[8]	不明	盘	1
21	北宋早期	安徽省芜湖市[9]	不明	执壶	1
22	北宋早期	江苏镇江南郊黄鹤山黄氏墓[10]	平民	熏炉	1
23	北宋早期	浙江杭州清波门外宋墓[11]	不明	炉	1
24	北宋早期	浙江上虞联江公社工地[12]	不明	炉	1
25	北宋早期	浙江上虞工地[13]	不明	炉	1
26	北宋早期	浙江嵊县崇仁镇招龙桥村[14]	不明	盒	1
27	北宋早期	江苏常州武进区西林[15]	不明	熏炉	1
28	辽（北宋早期）	北京丰台区永定路[16]	不明	盘2	2
29	北宋早期	慈溪东安乡上宅村墓葬	平民	碗2、盘、罐、执壶等	5

1. 内蒙古文物考古队：《内蒙古哲里木盟奈林稿辽代壁画墓》，《考古学集刊（第1集）》，中国社会科学出版社，1981年，第235页；彭善国：《试述4～11世纪越窑青瓷在东北地区的流布》，《2007'中国越窑高峰论坛论文集》，文物出版社，2008年，第229～233页。
2. 李文信：《义县清河门辽墓发掘报告》，《考古学报》1954年第2期，第195页。
3. 辽阳市文物管理所：《辽阳发现辽墓和金墓》，《文物》1977年第12期，第90～92页。
4. 万雄飞：《关山辽墓的发现与研究》，吉林大学硕士学位论文，2007年，第10页；万雄飞：《辽宁阜新关山辽墓出土瓷器的窑口与年代》，《边疆考古研究（第8辑）》，科学出版社，2009年，第203～217页；辽宁省文物考古研究所：《关山辽墓》，文物出版社，2011年。
5. 朝阳市博物馆、朝阳市城区博物馆：《辽宁朝阳市姑营子辽代耿氏家族3、4号墓发掘简报》，《考古》2011年第8期，第31～45页。
6. 张柏：《中国出土瓷器全集（9）·浙江》，科学出版社，2008年，图版167。
7. 张柏：《中国出土瓷器全集（9）·浙江》，科学出版社，2008年，图版161。
8. 张柏：《中国出土瓷器全集（9）·浙江》，科学出版社，2008年，图版156。
9. 安徽省博物馆：《安徽省博物馆藏瓷》，文物出版社，2002年，第49页。
10. 杨正宏、肖梦龙、刘丽文：《镇江出土陶瓷器》，文物出版社，2010年，第170页。
11. 浙江省博物馆：《香远益清——唐宋香具览粹》，中国书店，2015年，第95页。
12. 浙江省博物馆：《香远益清——唐宋香具览粹》，中国书店，2015年，第122页。
13. 浙江省博物馆：《香远益清——唐宋香具览粹》，中国书店，2015年，第132页。
14. 嵊州市文物管理处：《嵊州文物典藏·长河存璧》，中国文史出版社，2012年，第90页。
15. 陈丽华：《常州博物馆50周年典藏丛书》，文物出版社，2008年，第17页。
16. 付幸、叶芷：《文物鉴赏》，《北京文物与考古（第五辑）》，北京燕山出版社，2002年，第321页。

图 5 托碗

图 6 熏炉

图 7 套盒

图 8 执壶

根据出土地的性质，大致可以大致将上述87件越窑瓷器分为4组：

第一组　64件，出土地属辽国境内：奈曼旗12件，北京11件，巴林左旗10件，朝阳10件，多伦县7件，哲里木盟6件，阜新4件，辽阳3件，义县1件。

第二组　5件，出土地属北宋皇陵区：巩义5件。

第三组　13件，出土地属窑址附近地区：慈溪6件，绍兴2件，上虞2件，黄岩1件，义乌1件，嵊县1件。

第四组　5件，出土地属运河及长江沿线地区：镇江1件，苏州1件，常州1件，杭州1件，芜湖1件。

总体来看，北宋早期越窑瓷器的流布范围比五代时期相对缩小。[1]以表2统计情况来看，共计29处地点有越窑瓷器出土，辽国境内成为其重要分布地区，出土数量占总量的73.56%。这一时期的越窑瓷器应该主要是通过海路和陆路输送到辽国境内的。此外，这一时期越窑瓷器的流布仍呈现沿窑址附近地区、都城周围地区、运河及长江沿线地区流布的规律。从出土单位的性质来看，辽国境内的多为高等级契丹贵族墓，北宋皇陵区的为高等级皇室墓葬，窑址附近、运河及长江沿线的为一般平民墓葬及寺院遗址。前两者应该主要是通过进贡的方式输入的。

除上述材料之外，台湾澎湖地区曾发现3153件北宋早期的越窑瓷器，器类有碗、洗、盅、碟、壶、盒、罐等，其中器底有"丁"字款的233件、器底有"子"字款的1件。上述越窑瓷器集中分布在一两千米的地带之内。发现者推测这些瓷器可能是船队运输的一次船货。[2]

（二）国外流布

井里汶沉船是目前所见关于北宋早期越窑瓷器国外流布最重要的发现。2003年至2005年10月，印度尼西亚有关机构与西方水下考古机构合作，对位于爪哇岛北岸井里汶外海100海里、水下54米处的井里汶沉船进行了发掘，出土遗物49万余件。根据打捞公司的报告，中国瓷器占到这批出水器物的75%，且除了少量白瓷之外，绝大多数是越窑青瓷，故而推断这批越窑瓷器的数量应该在30万件以上。[3]据相关研究及已披露的材料来看，这批越窑瓷器的时代跨度较大，从晚唐至北宋早期均有（图9、10）。[4]其中一件越窑青瓷碗外腹刻划莲瓣纹，外底刻有"戊辰徐记烧"字款，结合器物特征及其他考古资料，该"戊辰"应为北宋开宝元年（968）。限于资料不足，我们无法统计北宋早期越窑瓷器在这批船货中所占比重，但北宋早期越窑参与海外贸易应是无疑的。

此外，埃及福斯塔特遗址中也出土有北宋早期的越窑瓷器，器形主要为碗、盘类，内底多见细线划花纹饰。[5]

1. 谢西营：《五代时期越窑青瓷流布及相关问题——以五代十国境内考古发现为中心》，《吴越国史迹遗存发现与研究学术研讨会论文集》，现代出版社，2019年，第262～272页。
2. 陈信雄：《五代越窑在澎湖——两岸交通的第一波》，《宁波与海上丝绸之路》，科学出版社，2006年，第155～169页。
3. 〔印尼〕Adi Agung：《井里汶海底十世纪沉船打捞纪实》，《故宫博物院院刊》2007年第6期，第151～154页；秦大树：《拾遗南海补阙中土——谈井里汶沉船的出水瓷器》，《故宫博物院院刊》2007年6期，第91～101页。
4. 沈岳明：《越窑的发展及井旦汶沉船的越窑瓷器》，《故宫博物院院刊》2007年第6期，第102～106页。
5. 〔日〕三上次男：《中世中国とエジプト——フスタート遗迹出土の中国陶磁を中心として》，《陶磁の东西交流—エジプト・フスタート遗迹出土の陶磁》，出光美术馆，1984年，第84～99页。

图 9 盒

图 10 盒

四、结语

北宋早期是越窑瓷业发展史上的繁荣时期，这一时期的窑业生产主要分布在以上林湖为中心的慈溪地区、以窑寺前为中心的上虞地区和以东钱湖为中心的鄞州地区。目前这三个地区共调查发现北宋早期窑址87处，其实际数量可能远多于此。

越窑产品曾大量对外输出。目前国内发现北宋早期越窑瓷器的遗址共30处，国外发现地的代表有井里汶沉船和埃及福斯塔特遗址。国内出土北宋早期越窑瓷器的地区以辽国境内最为瞩目，这些越窑瓷器应与榷场贸易有关。[1] 北宋太祖时与辽国"听缘边市易"，后"太平兴国二年，始令镇、易、雄、霸、沧州各置榷务，辇香药、犀象及茶与贸易"；"淳化二年，令雄霸州、静戎军、代州雁门砦置榷署入故"；"咸平五年，契丹求复置署，朝议以其翻覆，不许。知雄州何承矩继请，乃听置于雄州，六年，罢"。[2] 在此期间，榷场贸易随着宋辽关系变化时开时闭。[3] 至宋辽两国澶渊之盟之后，宋辽间的榷场贸易得以正常开展，并一直延续到北宋末，期间未曾中断。"（景德）二年，令雄霸州、安肃军置三榷场"，"又于广信军置场，皆廷臣掌管，通判兼领焉"。[4]《宋会要辑稿·食货五二》中对此有明确记载："瓷器库在建隆坊，掌受明、越、饶州、定州、青州白瓷器及漆器以给用，以京朝官三班内侍二人监库。……真宗景德四年九月，诏瓷器库除拣封椿供进外，余者另本库将样赴三司，行人估价出卖。其漆器架阁收管品，配供应准备供进，及榷场转易之用。"[5]

北宋早期窑业的繁荣当与瓷器进贡需求和海内外贸易刺激存在密切关联。文献中对北宋早期越窑瓷器的进贡多有记载："（开宝二年）秋八月，宋遣使至，……是时王贡秘色窑器于宋"[6]；"（开宝六年）二月十二日……两浙节度使钱惟濬进……金稜秘色瓷器百五十事"[7]；"（开宝八年）王还，令惟治入贡，……钿金瓷器万事"[8]；"（开宝九年）六月四日……明州节度使惟治进……瓷器万一千事，内千事银稜"[9]；"（太平兴国二年）三月三日，伪进……银涂金钿越器二百事"[10]；"（太平兴国三年）四月二日，伪进……瓷器五万事……金钿瓷器百五十事"[11]；"（太平兴国八年八月二十四日）翌日，王遣世子惟濬贡上……金银陶器五百事"[12]。从上述记载可以看到，从开宝二年（969）到太平兴国八年（983），进贡瓷器的数量有"百五十事""万事""万一千事""二百事""五万事""五百事"等。此外据《吴越备史》载，"唯太祖太宗两朝入贡，记之颇备，谓之《贡奉录》，今取其大者，如……金银饰陶器一十四万事"[13]。可见北宋早期越窑贡瓷的规模当远超"一十四万事"。成书于宋太宗时期的《太平寰宇记》卷九十六《江南东道八·越州》"土产"条也有记载："绯纱，瓷器，越绫，以上贡。"[14] 至于海内外贸易的刺激，近端的澎湖地区、中端的井里汶沉船和远端的埃及福斯塔特遗址出土（或出水）的大量北宋早期越窑瓷器便是明证。

1. 彭善国在对辽国境内内发现的越窑瓷器进行研究时也曾得出"10世纪70年代到11世纪20年代前后越窑瓷器主要是通过榷场贸易的形式输入到辽国境内的"的结论。参彭善国：《试述4~11世纪越窑青瓷在东北地区的流布》，《2007中国越窑高峰论坛论文集》，文物出版社，2008年，第233页。

2. 〔元〕脱脱等：《宋史·食货下八》，中华书局，1977年，第4562页。

3. 如太平兴国二年置榷场后不久，"后有范阳之师，罢不与通"；淳化二年之后，"寻复罢"等。参〔元〕脱脱等：《宋史·食货下八》，中华书局，1977年，第4562页。

4. 〔元〕脱脱等：《宋史·食货下八》，中华书局，1977年，第4562页。

5. 〔清〕徐松辑：《宋会要辑稿·食货五二》，中华书局，1957年，第5717页。

6. 〔清〕吴任臣：《十国春秋·吴越六·忠懿王世家下》，中华书局，1983年，第1166页。

7. 〔清〕徐松辑：《宋会要辑稿·蕃夷七》，新文丰出版公司，1976年，第7827页。

8. 此次进贡在"宋师伐江南，惟治从忠懿王帅其下常州"之后。考之史书，宋兵于开宝七年九月发兵进攻江南，十二月渡江，同月吴越军队围攻常州。据此，进贡的时间应在开宝八年。参〔清〕吴任臣：《十国春秋·吴越七·彭城郡王惟治》，中华书局，1983年，第1213页。

9. 〔清〕徐松辑：《宋会要辑稿·蕃夷七》，新文丰出版公司，1976年，第7842页。

10. 〔清〕徐松辑：《宋会要辑稿 蕃夷七》，新文丰出版公司，1976年，第7843页。

11. 〔清〕徐松辑：《宋会要辑稿 蕃夷七》，新文丰出版公司，1976年，第7844页。太平兴国三年"四月二日"，《宋史·世家三·吴越钱氏》作"三月"。

12. 〔宋〕范坰、林禹：《吴越备史补遗》"己卯四年"条，文渊阁《四库全书》本，《史部二二二·载记类》，台北商务印书馆，1983年，第464册，第586页。

13. 〔宋〕范坰、林禹：《吴越备史补遗》"即日"条，文渊阁《四库全书》本，《史部二二二·载记类》，台北商务印书馆，1983年，第464册，第589页。

14. 〔宋〕乐史撰，王文楚点校：《太平寰宇记·江南东道八·越州》"土产"条，中华书局，2007年，第1924页。

纤细精巧

上林湖后司岙窑址
出土北宋早期瓷器

图

版

盘

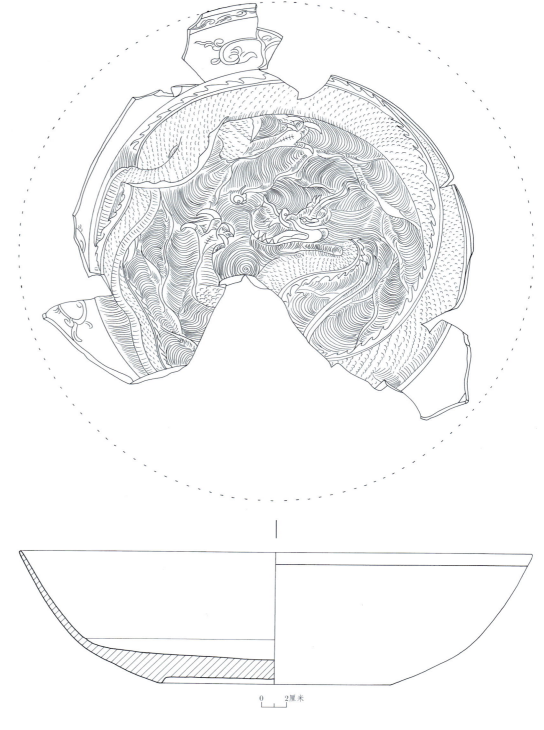

0   2厘米

1.1 大盘
TN01W05④-3-2：30

可复原，修复。圆唇，敞口，斜曲腹，隐圈足。
灰胎，胎质较细。青黄釉。外腹口沿下凹弦纹
一圈，内腹口沿下花卉纹带一圈，内底划海涛
纹、龙纹。外底有泥条垫烧痕。口径 40.8、足
径 20.6、高 10.7 厘米。

盘 025

1.2 大盘

TN01W05④-4-6：2

可复原，修复。圆唇，敞口，斜曲腹，隐圈足。
灰胎，胎质较细。青釉。外腹口沿下凹弦纹多圈，
内腹口沿下花卉纹带一圈，内底划海涛纹、龙
纹。外底有泥条垫烧痕。口径 40、足径 18、
高 11.8 厘米。

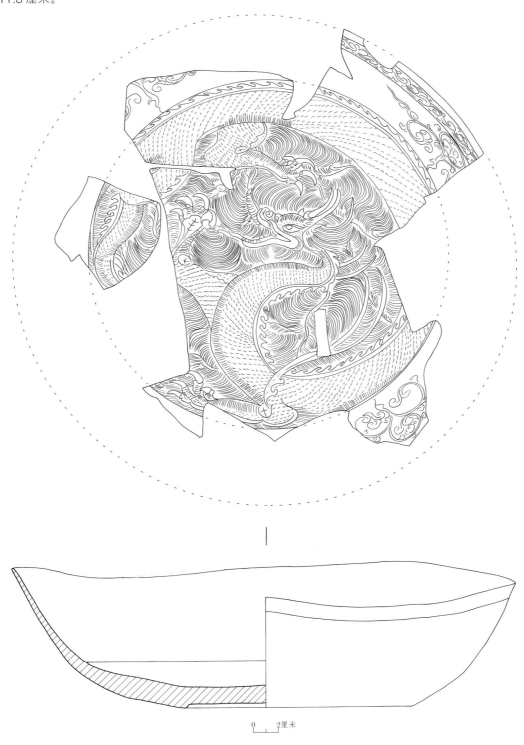

0   2厘米

1.3 | 大盘

TN02W05 ② ： 12

可复原，修复。圆唇，敞口，斜曲腹，
隐圈足。灰胎，胎质较细。青釉泛黄。
外腹口沿下凹弦纹一圈，内底划对凤凰
纹。外底有泥条垫烧痕。口径 40.2、
足径 16.6、高 10.8 厘米。

0   2厘米

1.4 | 大盘

TN02W05②-1：15

可复原，修复。圆唇，敞口，斜曲腹，隐圈足。灰胎，胎质较细。青釉。外腹口沿下凹弦纹多圈，内腹口沿下花卉纹带一圈，内底划海涛纹、摩羯纹。外底有泥条垫烧痕。口径 34.3、足径 16、高 10.4 厘米。

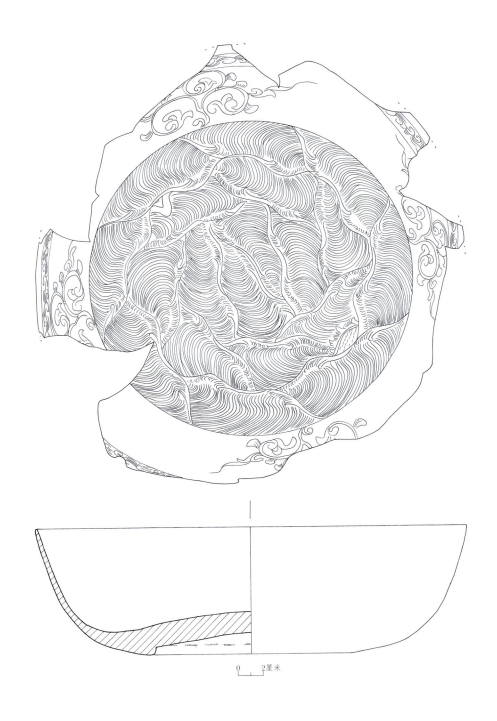

1.5 | 大盘
TN02W05 ② -1：11

可复原，修复。圆唇，敞口，斜曲腹，隐圈足。
灰胎，胎质较细。青黄釉。外腹口沿下凹弦纹
一圈，内腹口沿下花卉纹带一圈，内底划对凤
凰纹。外底有泥条垫烧痕。口径 41.8、足径
15.2、高 9.1 厘米。

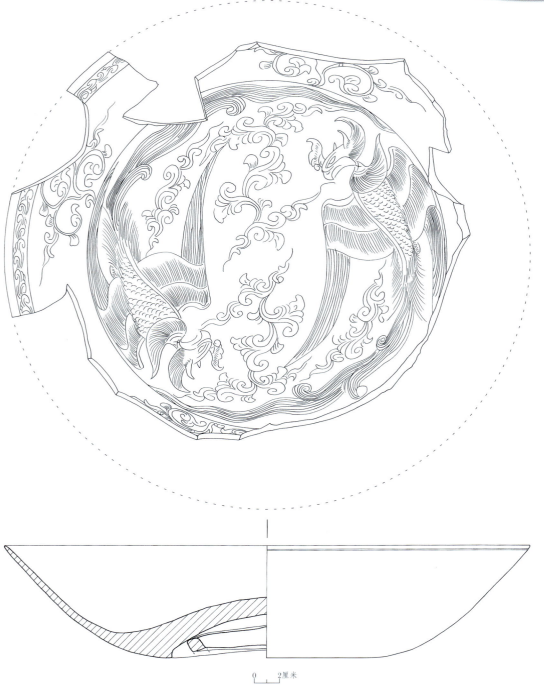

0 2厘米

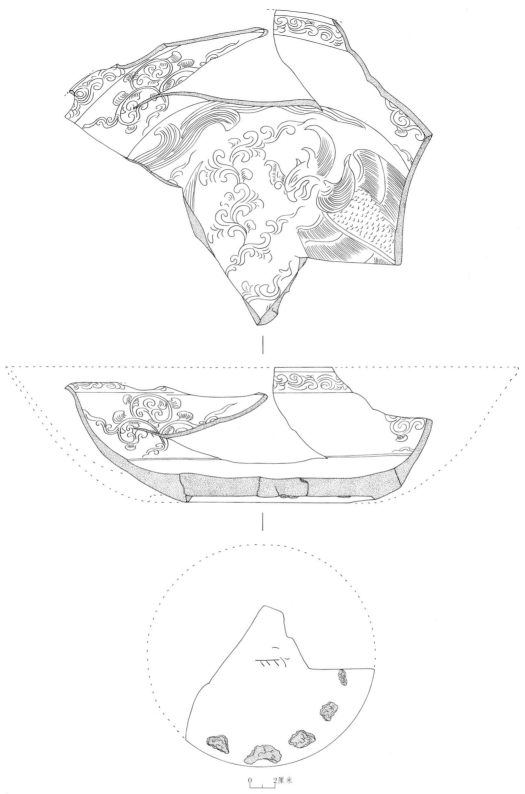

0   2厘米

1.6 | 大盘

TN02W05⑥-2：20

可复原。圆唇，敞口，斜曲腹，隐圈足。灰白胎，胎
质较细。青釉泛黄。外腹口沿下凹弦纹一圈，内腹口
沿下花卉纹带一圈，内底划对凤凰纹。外底有泥条垫
烧痕。口径 40.8、足径 18、高 11.1 厘米。

1.7 | 大盘

TN02W05 ② -4：15

残，仅存下腹及底部。隐圈足。灰白胎，
胎质较细。青黄釉。内底划海涛、摩羯纹。
外底有泥条垫烧痕。足径14.8、残高3.5
厘米。

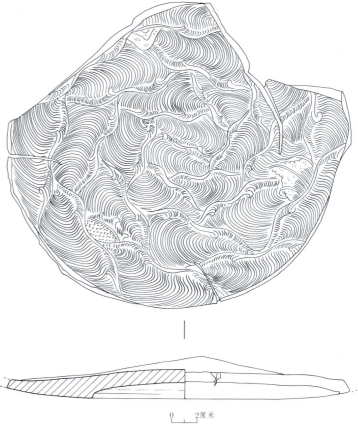

0   2厘米

1.8 | 大盘

TN02W05 ② -4：20

残，仅存下腹及底部。隐圈足。灰白胎，
胎质较细。青釉，局部开片。内腹划缠
枝花卉纹。内底划海涛纹。外底有泥条
垫烧痕。足径 14.6、残高 7.5 厘米。

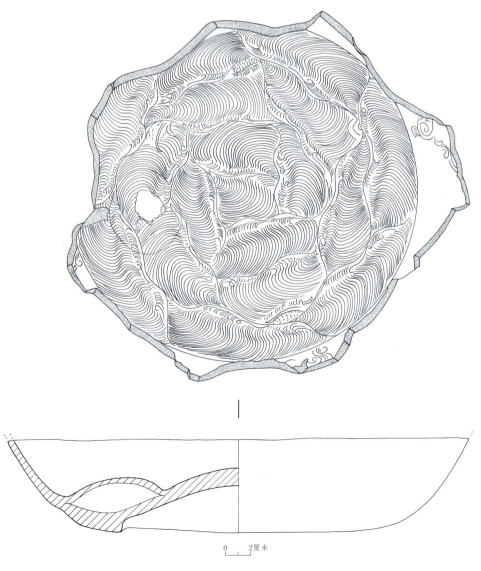

0   2厘米

1.9 | 大盘

TN02W05 ⑤ -1 : 13

残，仅存下腹及底部。隐圈足。灰白胎，
胎质较细。黄釉。内底划海涛、摩羯纹。
外底有泥条垫烧痕。残高 3.8 厘米。

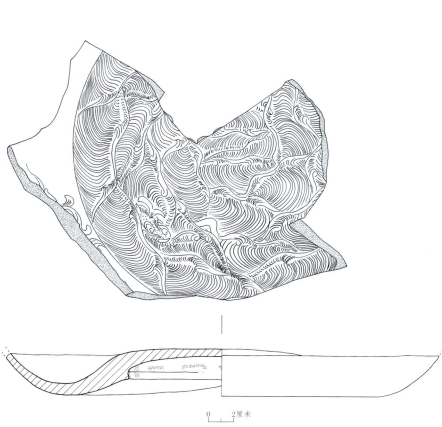

0　　2厘米

1.10 | 大盘
TN02W05 ⑤ -1-6∶12

残，仅存底部。隐圈足。灰白胎，胎质较细。青灰釉。内腹划"大京"二字，内底划海涛、摩羯纹。外底足端有多个细长形泥条垫烧痕。足径16.4、残高3.5厘米。

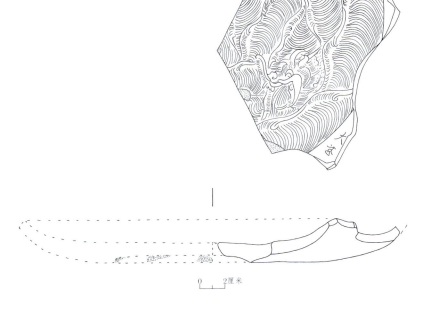

0　　2厘米

1.11 | 大盘

TN02W05 ⑥ -1 ：3

修复。斜曲腹，隐圈足。灰白胎，胎质
较细。青釉微泛黄。内腹口沿下花卉纹
带一圈，内底划海涛、摩羯纹。外底有
泥条垫烧痕。足径 16.3、残高 7.2 厘米。

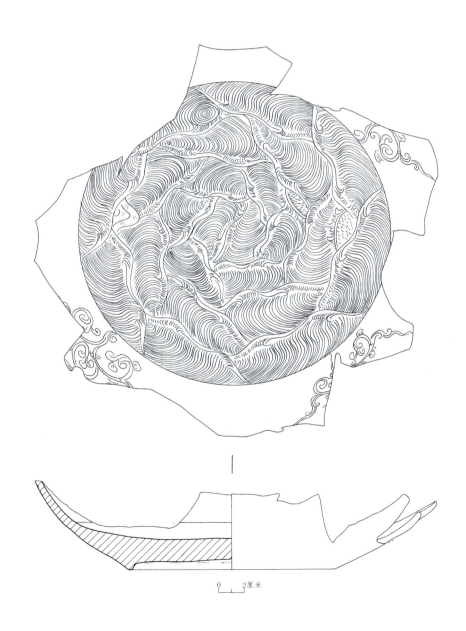

0   2厘米

2.1 盘

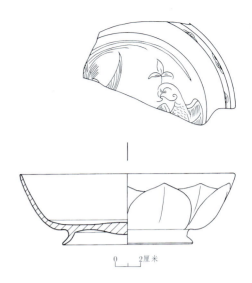

TN01W05 ① ：2

可复原，修复。圆唇，敞口，斜曲腹，圈足外撇。灰胎，胎质较细。青釉微泛黄。外腹刻仰莲瓣纹，内底划对鹦鹉衔枝纹。外底有泥条垫烧痕。口径 17.2、足径 10.4、高 5.7 厘米。

0   2厘米

2.2 | 盘

TN01W04 ① : 1

可复原。圆唇，敞口，斜曲腹，圈足外撇。灰胎，
胎质致密。施透明青釉，釉色青黄，外底釉面
缩釉。外腹刻仰莲瓣纹，内腹口沿下划带状边
饰，内底划鹦鹉纹。外底心划"丁"字。外底
有泥条垫烧痕。口径17.8、足径12、高5.7厘米。

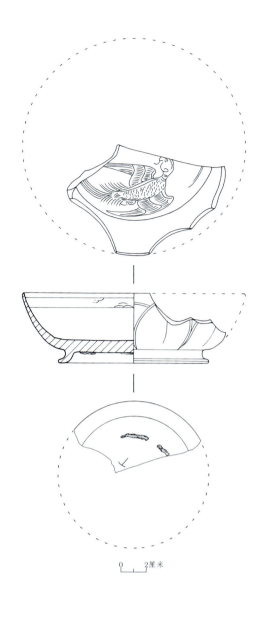

2.3 盘

TN01W04 ② -3：36

可复原，修复。圆唇，敞口，斜曲腹，圈足外撇。灰胎，胎质较细。青釉微泛黄。内腹及内底划对鹦鹉衔枝纹、葡萄纹。外底有泥条垫烧痕。口径21.6、足径11.4、高3.9厘米。

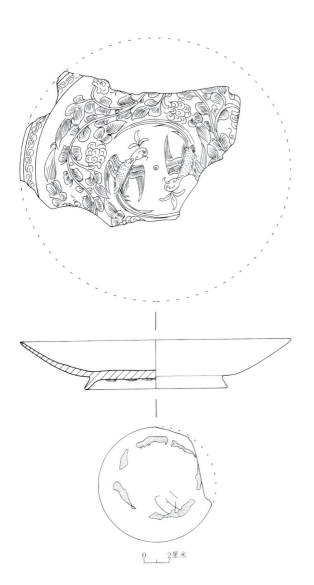

0   2厘米

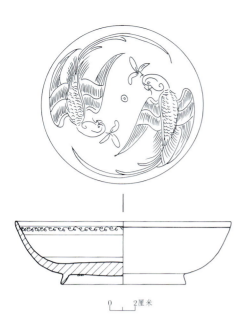

2.4 | 盘

TN01W05④-4-5：33

可复原，修复。圆唇，敞口，斜曲腹，圈足微外撇。灰胎，胎质较细。青釉泛黄。外腹口沿下凹弦纹一圈，内腹口沿下条带状花卉纹一圈，内底划对鹦鹉衔枝纹。外底有泥条垫烧痕。口径 17.2、足径 10、高 5.1 厘米。

0 ___ 2厘米

2.5 | 盘

TN02W05 ⑦ -1：1

可复原，修复。圆唇，敞口，斜曲腹，圈足微外撇。灰白胎，胎质较细。青黄釉。外腹口沿下凹弦纹一圈，内底划对鹦鹉衔枝纹。外底有泥条垫烧痕。口径17.6、足径10.2、高5厘米。

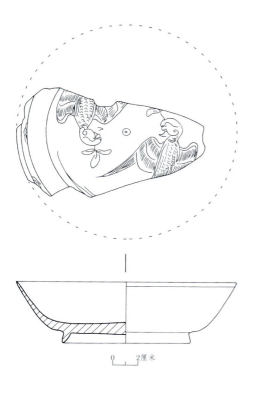

0 2厘米

2.6 | 盘

TN02W05 ⑦ : 20

残，仅存下腹及底部。圈足。灰胎，胎
质致密。施透明青釉，釉色青黄。内底
周圈有凹弦纹，内划对鹦鹉衔枝纹。外
底有泥条垫烧痕。足径 9.9、残高 2.6
厘米。

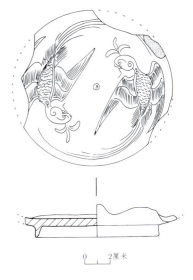

2.7 | 盘

TN01W04 ② -2：41

残，仅存下腹及底部。圈足外撇。灰白胎，胎质致密。施透明青釉，釉色青绿。内底划对鹦鹉衔枝纹，外划缠枝莲花纹。外底有泥条垫烧痕。足径 11、残高 2.7 厘米。

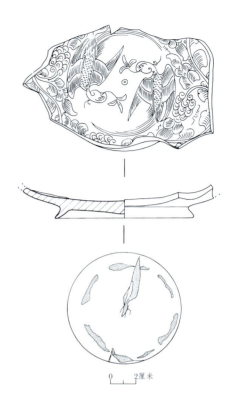

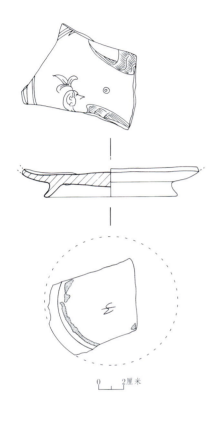

2.8 | **盘**
TN01W04②-2：83

残，仅存底部。圈足外撇。胎色灰白，胎质致密。施透明青釉，釉色青灰。内底划对鹦鹉衔枝纹。外底划"子"字。外底有泥条垫烧痕。足径10.6、残高2.3厘米。

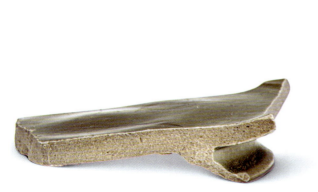

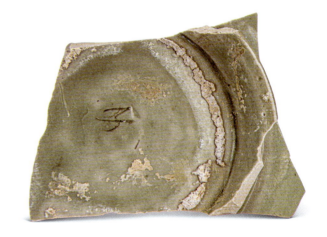

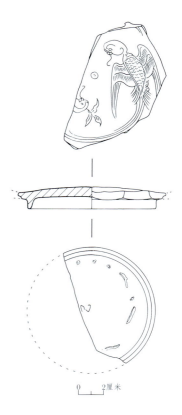

2.9 盘

TN01W04②-1：114

残，仅存底部。圈足。灰白胎，胎质致密。
施透明青釉，釉色青绿。内底划对鹦鹉
衔枝纹。外底划"己"字。外底有泥条
垫烧痕。足径 10.2、残高 1.8 厘米。

0   2厘米

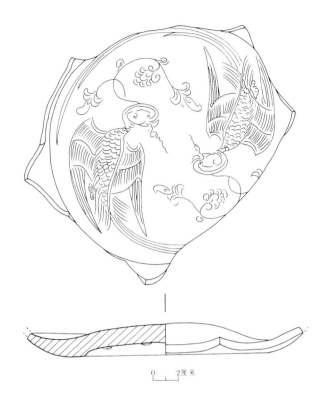

0   2厘米

2.10 | 盘

TN02W05 ④ -2-6：6

残，仅存下腹及底部。隐圈足。灰胎，
胎质致密。青釉，釉色青灰，外底釉面
缩釉。内底划对鹦鹉衔枝纹。外底有泥
条垫烧痕。足径 12.8、残高 2.6 厘米。

2.11 | 盘

TN02W05 ② -1 ：13

可复原，修复。圆唇，敞口，斜曲腹，圈足微外撇。
灰胎，胎质较细。青釉微泛黄。外腹口沿下凹
弦纹一圈，内腹口沿下花卉纹带一圈，内底划
对凤凰纹。外底有泥条垫烧痕。口径 16.4、足
径 9.4、高 4.5 厘米。

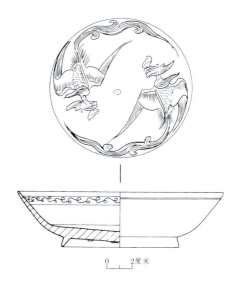

0　2厘米

2.12 | 盘

TN01W04 ② : 60

残，仅存下腹及底部。斜曲腹，圈足外
撇。灰胎，胎质致密。施透明青釉，釉
色青黄。内底划对凤凰纹。外底有泥条
垫烧痕。足径 12.2、残高 4.1 厘米。

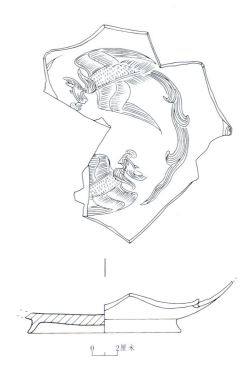

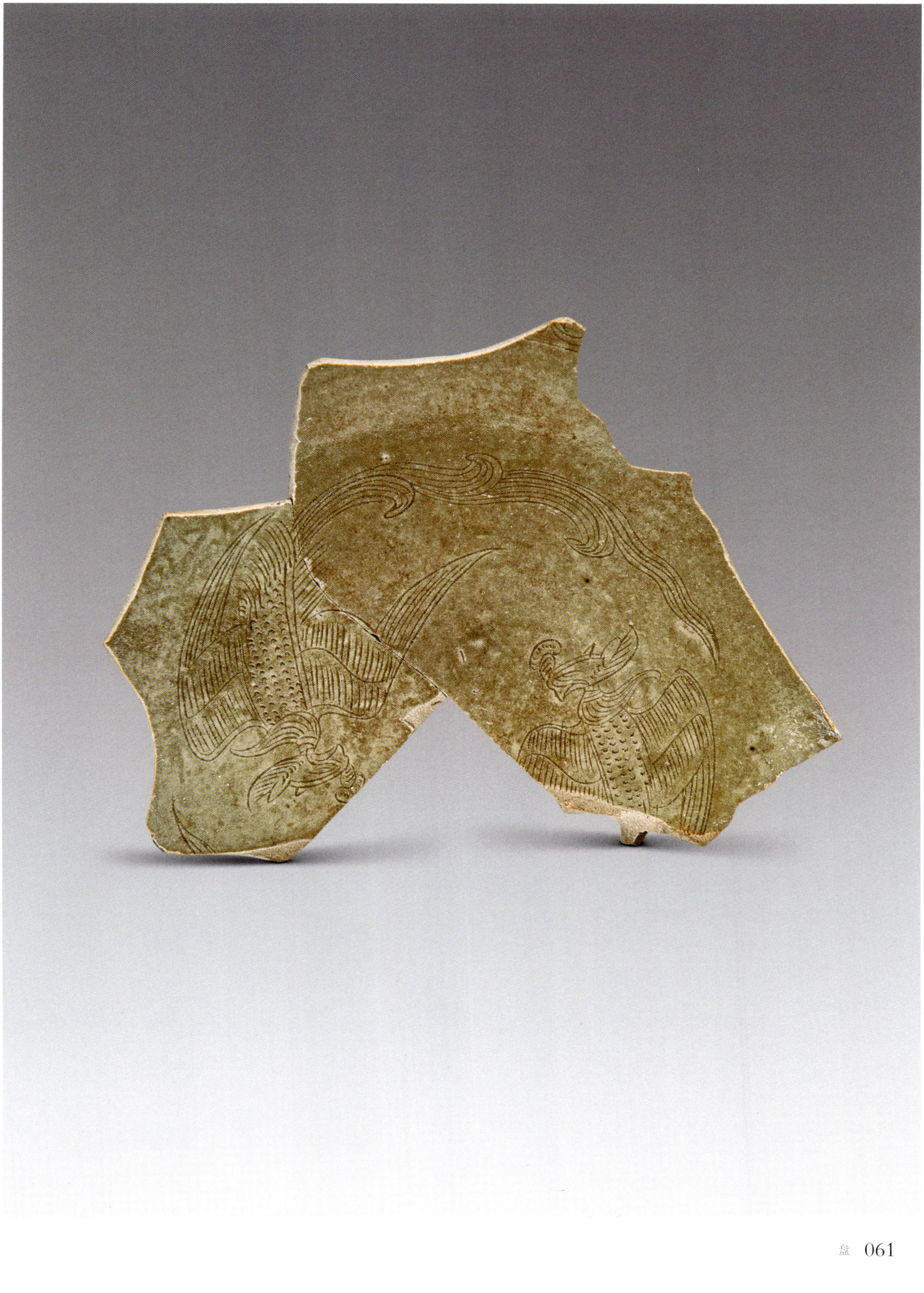

2.13 | 盘

TN01W05 ① ：3

残，仅存下腹及底部。隐圈足。灰胎，胎质较细。青釉微泛黄。内底划对凤凰纹。外底刻"官样"二字。足径11、残高3.1厘米。

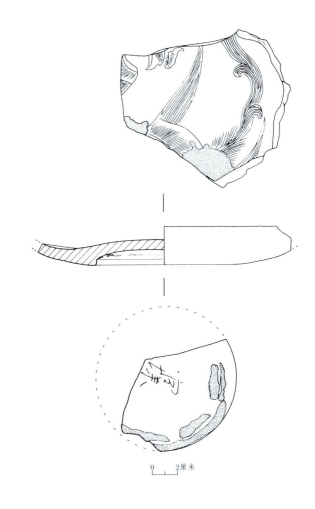

2.14 | 盘

19 上后采：11

可复原。敞口微侈，斜曲腹，隐圈足。灰白胎，胎质致密。釉色青灰，略带翠色。内腹口沿下方划带状重线卷云纹；内底周圈有凹弦纹一周，内划对凤凰纹。外底有泥条垫烧痕。口径21.2、足径9.6、高5.6厘米。

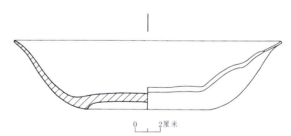

0   2厘米

2.15 | 盘

TN01W04②-2：124

残，仅存下腹及底部。圈足外撇。灰白胎，胎质细腻致密。施透明青釉，釉色青黄。外腹刻仰莲纹，内底划对凤凰纹。外底中心划"大"字，旁侧划"上"字。外底有泥条垫烧痕。足径11、残高4厘米。

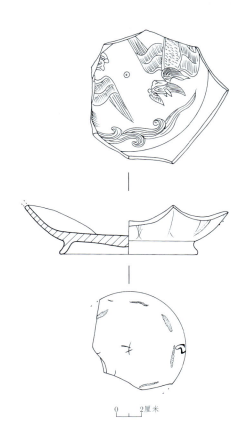

2.16 | 盘

TN02W05 ① : 5

残，仅存下腹及底部。圈足外撇。灰胎，
胎质细腻坚致。施透明青釉，釉色青黄，
釉面有落砂。内底划对凤凰纹。外底划
"大"字，仅存局部。外底有泥条垫烧
痕。足径 11.4、残高 3.5 厘米。

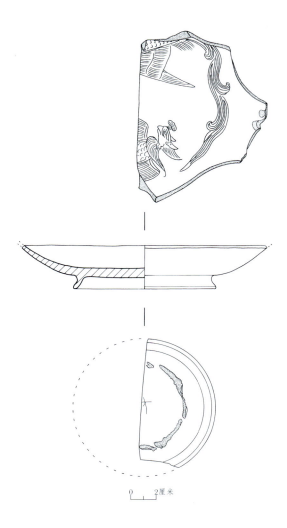

0   2厘米

2.17 | 盘

TN01W04 ② -2-7 ：107

残，仅存底部。圈足外撇。胎色灰白，
胎质致密。施透明青釉，釉色青黄。内
底划凤纹。外底划"吉"字。外底有泥
条垫烧痕。足径 11、残高 2.1 厘米。

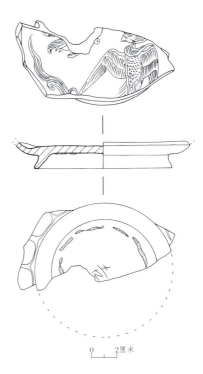

0   2厘米

2.18 | 盘

TN01W04②-3：39

残，仅存下腹及底部。圈足外撇。灰胎，胎质致密。施透明青釉，釉色青黄，有落砂。内底划凤纹。外底划"子"字。外底有泥条垫烧痕。足径11、残高2.8厘米。

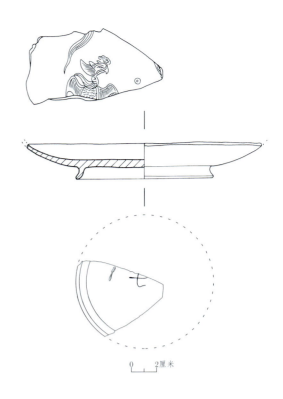

0   2厘米

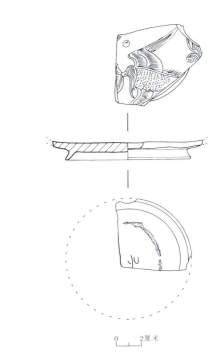

2.19 | 盘

TN01W04②-3：42

残，仅存底部。圈足外撇。灰胎，胎质
致密。施透明青釉，釉色青黄。内底划
凤纹。外底划"子"字。外底有泥条垫
烧痕。足径 10、残高 1.6 厘米。

0   2 厘米

盘   **069**

2.20 | 盘

TN01W04②：63

残，仅存底部。圈足外撇。灰白胎，胎质致密。透明青釉，釉色青黄，近枯艾色。内底划对蝶纹。外底划"供"字。外底有长条泥点垫烧痕。足径9.9、残高1.9厘米。

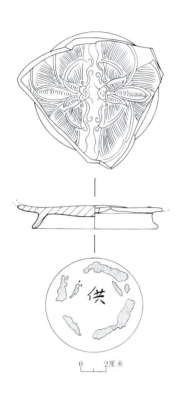

0 ___ 2厘米

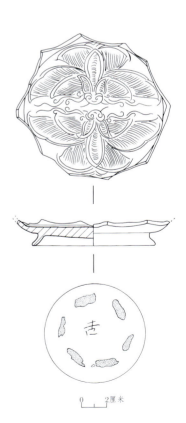

2.21 | 盘

TN01W04 ② ：64

残，仅存底部。圈足外撇。灰胎，胎质
致密。施透明青釉，釉色青灰，局部泛黄。
内底划对蝶纹。外底划"吉"字。外底
有长条泥点垫烧痕。足径9.8、残高2.1
厘米。

0   2厘米

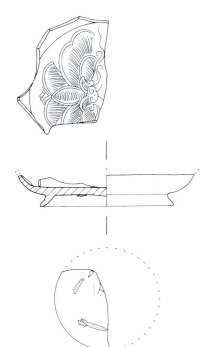

0 ___ 2厘米

2.22 | 盘

TN01W04②-2：98

残，仅存下腹及底部。圈足外撇。胎色灰白，胎质致密。施透明青釉，釉色青黄。内底划对蝶纹。外底划"内"字，仅存局部。外底有泥条垫烧痕。足径10.6、残高2.6厘米。

2.23 | 盘

TN01W04 ② -3：40

残，仅存底部。圈足外撇。灰胎，胎质致密。施透明青釉，釉色青灰。内底划对蝶纹。外底划"子"字。外底有泥条垫烧痕。足径 10、残高 1.7 厘米。

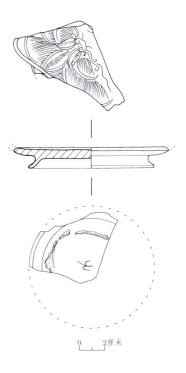

2.24 | 盘
TN01W04②-3-2：64

残，仅存底部。圈足外撇。生烧，黄胎。
黄釉，剥釉现象严重。内底划对蝶纹。
外底心刻"大"字。外底有泥条垫烧痕。
足径 10.6、残高 2.3 厘米。

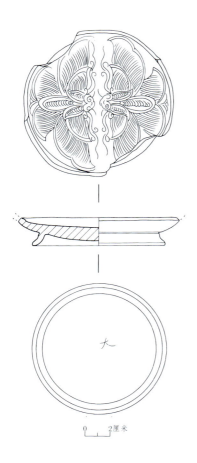

2.25 | 盘
TN01W05④-5：2

残，仅存下腹及底部。圈足外撇。灰白胎，胎
质致密。施透明青釉，釉色青灰，局部泛黄。
内底周圈有凹弦纹，内划对蝶纹。外底划"吉"字。
外底有泥条垫烧痕。足径 10.4、残高 2.4 厘米。

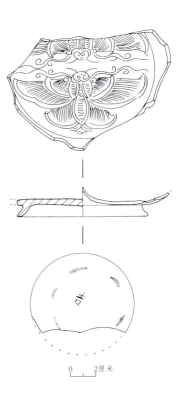

2.26 | 盘

TN02W05 ① : 6

残，仅存下腹及底部。圈足微外撇。灰胎，
胎质细腻致密。施透明青釉，釉色青黄。
内底划对蝶纹。外底划"上"字。外底
有泥条垫烧痕。足径 11、残高 2.7 厘米。

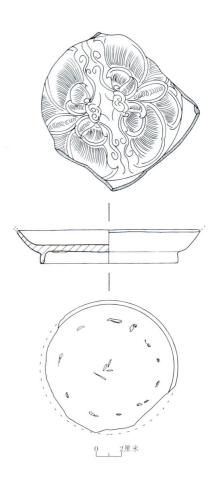

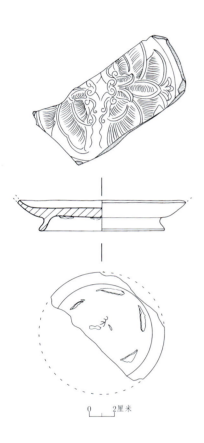

0　　2厘米

2.27 盘

TN02W05 ⑧ -1：126

残，仅存下腹及底部。圈足外撇。灰胎，胎质细腻坚致。釉色青黄，近枯艾色。内底周圈有凹弦纹，内划对蝶纹。外底刻"永"字。外底有泥条垫烧痕。足径10、残高 2.5 厘米。

2.28 | 盘

TN02W05 ⑧-1：127

残，仅存下腹及底部。圈足外撇。灰胎偏黄，胎质细腻坚致，胎体匀薄。施透明青釉，釉色青黄。内底周圈有凹弦纹，内划对蝶纹。外底有泥条垫烧痕。足径9.6、残高3.9厘米。

2.29 | 盘

TN01W05 ② : 37

可复原。圆唇，敞口，斜曲腹，圈足外撇。灰胎，胎质致密。施透明青釉，釉色青黄，有细小冰裂纹。内底划侧飞对蝶纹，间划折枝花。外底有泥条垫烧痕。口径 14.8、足径 8.2、高 4 厘米。

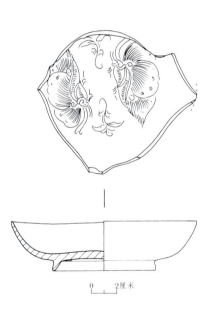

0   2 厘米

2.30 | **盘**
TN01W05④-1∶9

可复原。圆唇，敞口，斜曲腹，圈足外撇。灰胎，
胎质致密。施透明青釉，釉色青灰，略带艾色。
内腹口沿下凹弦纹一圈，内底划龟伏荷叶纹。
外底有泥点垫烧痕。口径13、足径7.4、高3.5
厘米。

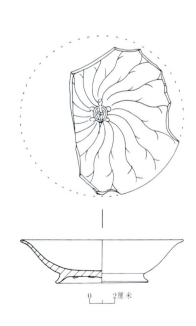

0   2厘米

2.31 | 盘
TN01W04 ① : 4

可复原。圆唇，敞口微侈，斜曲腹，较浅，圈
足外撇，底部变形微上拱。胎色灰白，胎质致
密。施透明青釉，釉色青灰，底部釉面有缩釉。
内腹及内底划龟伏荷叶纹。外底心划"上"字。
外底有长条形泥点垫烧痕。口径15.6、足径8.5、
高3.4 厘米。

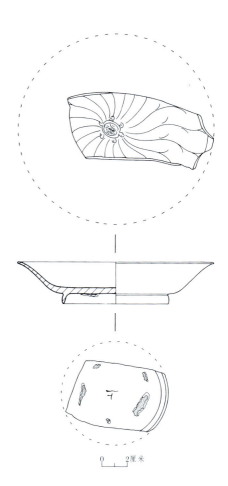

0   2厘米

2.32 | 盘

TN01W04 ① : 5

可复原。圆唇，敞口微侈，斜曲腹，较浅，圈
足。灰胎，胎质致密。施透明青釉，釉色青黄，
釉面润泽。内腹及内底划龟伏荷叶纹。外底心
划"上"字。外底有泥条垫烧痕。口径 16.8、
足径 9、高 2.9 厘米。

0 ⌐⌐ 2厘米

2.33 | 盘

TN01W04②-1：113

可复原。敞口，斜曲腹，较浅，圈足外撇。灰
胎，胎质致密。施透明青釉，釉色青黄。内腹
口沿下凹弦纹一周，其下内腹及内底划龟伏荷
叶纹。外底划"子"字。外底有泥条垫烧痕。
口径 13.4、足径 7、高 3.2 厘米。

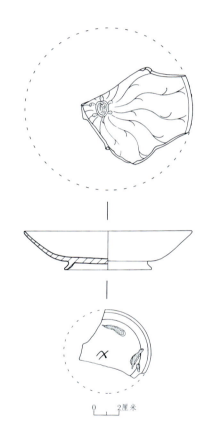

0   2厘米

2.34 | 盘

TN01W04 ② -2 ： 44

可复原。盘与匣钵粘连。盘，敞口，斜曲腹。灰
白胎，胎质致密。施透明青釉，釉色青灰，略带
翠色，釉面莹润有光泽。内腹及内底划龟伏荷叶
纹。匣钵，陶质，粗糙，M 形。盘口径 15.7、高 3.3
厘米。匣钵上径 19.3、下径 16.4、高 6.6 厘米。

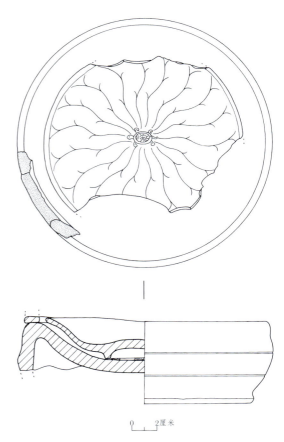

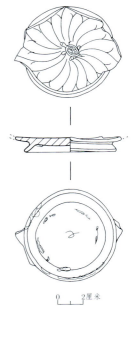

2.35 | 盘

TN01W04 ② -2 ：76

残，仅存底部。圈足外撇。灰胎，胎质
较致密。施透明青釉，釉色青黄。内底
划龟伏荷叶纹。外底划"内"字。外底
有泥条垫烧痕。足径 7.4、残高 1.2 厘米。

2.36 | 盘

TN01W04 ② -2：95

残，仅存底部。圈足外撇。胎色灰白，
胎质细腻致密。施透明青釉，釉色青灰。
内底划龟伏荷叶纹。外底划"内"字。
外底有泥条垫烧痕。足径 7.8、残高 1.9
厘米。

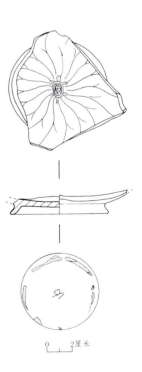

2.37 | 盘

TN01W04 ② : 127

残，仅存下腹及底部。斜曲腹，圈足外
撇。胎色灰白，胎质致密。釉色青绿，
釉面莹润。内底划龟伏莲叶纹。外底刻
"丁"字。外底有泥条垫烧痕。足径 7、
残高 2.75 厘米。

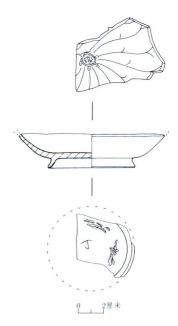

0   2厘米

2.38 | 盘

TN01W04 ② -2 ： 129

残，仅存底部。圈足外撇。灰白胎，胎
质细腻致密。施透明青釉，釉色青黄。
内底划龟伏荷叶纹。外底划"太平戊寅"
四字。外底有泥条垫烧痕。足径 7.6、
残高 1.3 厘米。

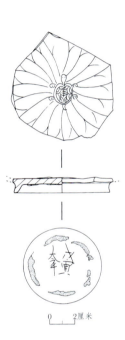

0 2厘米

2.39 | 盘

TN02W05 ⑦-1：24

残，仅存底部。圈足，足端微外撇。灰白
胎，胎质较致密。施透明青釉，釉色青灰，
略带艾色。内底划龟伏荷叶纹。外底有泥
条垫烧痕。足径 8.4、残高 1.5 厘米。

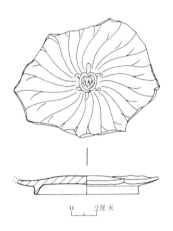

0 ⊢ 2 厘米

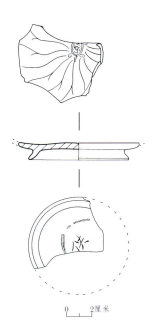

2.40 | 盘

TN01W04 ② -3：54

残，仅存底部。圈足外撇。胎色灰白，胎质细腻致密。施透明青釉，釉色青灰，略带艾色。内底划龟伏荷叶纹。外底划"供"字。外底有泥条垫烧痕。足径 8、残高 1.5 厘米。

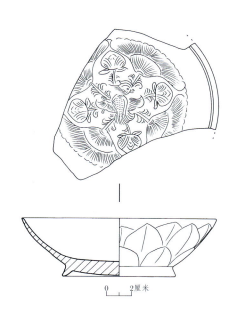

2.41 | 盘
TN02W05 ① : 4

可复原，修复。圆唇，敞口，斜曲腹近直，圈足微外撇。灰胎，胎质较细。青釉。外腹刻仰莲瓣纹，内底划鸳鸯戏荷纹。外底有泥条垫烧痕。口径 15.6、足径 9、高 4.7 厘米。

0   2厘米

2.42 | 盘

TN02W05 ③-1：49

可复原。敞口，斜曲腹，圈足微外撇。灰白胎，胎质较致密。施透明青釉，釉色青黄，略带艾色。外腹刻三重仰莲纹，内底划四叶鸳鸯荷花纹，周圈荷叶边。外底有泥条垫烧痕。口径 15.6、足径 8.8、高 4.4 厘米。

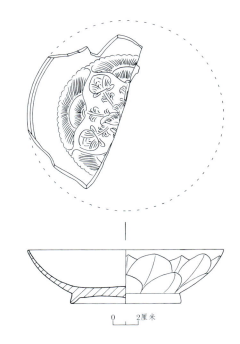

0   2厘米

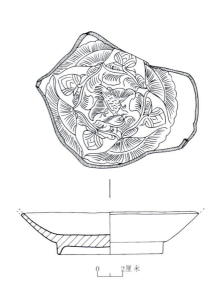

2.43 盘
TN02W05 ⑧-1：128

残，仅存下腹及底部。圈足。灰胎，胎
质细腻坚致。施透明青釉，通体施釉，
釉色青灰。内底划四叶鸳鸯荷花纹。外
底有泥条垫烧痕。足径 8.4、残高 3.4
厘米。

0   2厘米

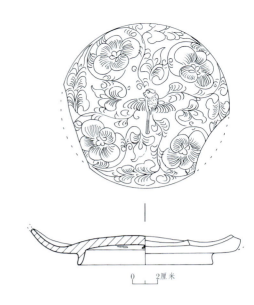

2.44 | 盘

TN01W05 ② -3-4：22

残，仅存下腹及底部。圈足微外撇。灰胎，胎质致密。施透明青釉，釉色青灰。内底周圈有凹弦纹，内划雀鸟梅花纹。外底有泥条垫烧痕。足径10.8、残高2.9厘米。

0   2厘米

2.45 | 盘

TN01W05④-1-3：8

残，仅存下腹及底部。圈足微外撇。灰
胎，胎质致密。施透明青釉，釉色青灰，
局部泛黄。内底周圈有凹弦纹，内划雀
鸟梅花纹。外底有泥条垫烧痕。足径
10.6、残高 2.7 厘米。

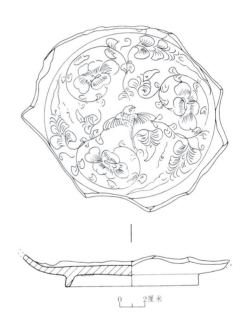

2.46 盘

TN02W05 ② -1 ：52

残，仅存下腹及底部。圈足微外撇。灰
胎，胎质较细。青釉微泛黄。内底划雀
鸟梅花纹。外底有泥条垫烧痕。足径9.6、
残高 4.1 厘米。

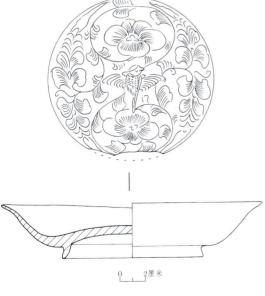

2.47 盘
TN02W05 ⑥：11

可复原。圆唇，敞口微侈，斜曲腹，圈足微外撇。
灰胎，胎质致密。施透明青釉，釉色青灰，釉
面有落砂，有细小开片；口沿有褐色釉，近紫口。
内底周圈有凹弦纹，内划雀鸟梅花纹。外底有
泥条垫烧痕。口径20.8、足径11.2、高4.4厘米。

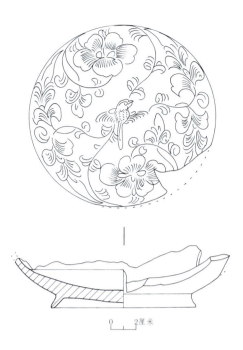

2.48 | 盘

TN02W05 ⑥ -1 : 9

残，仅存下腹及底部。圈足微外撇。灰
胎，胎质致密。施透明青釉，釉色青黄，
釉面有落渣。内底周圈有凹弦纹，内划
雀鸟梅花纹。外底有泥条垫烧痕。足径
11.6、残高 5 厘米。

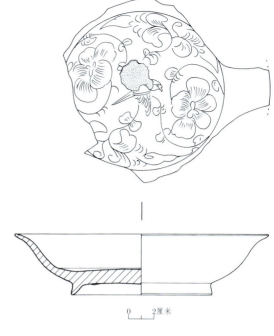

2.49 | 盘

Y64TS01E02④-1：6

可复原，修复。圆唇，敞口，斜曲腹，
圈足外撇。灰胎，胎质较细。青黄釉。
内底划雀鸟梅花纹。外底有泥条垫烧痕。
口径 20.2、足径 11.2、高 4.7 厘米。

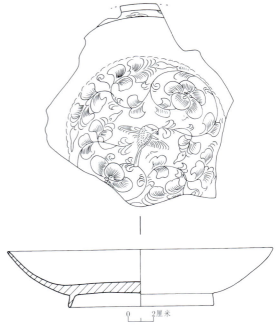

2.50 盘

Y64TS01E02④-2：4

可复原，修复。圆唇，敞口，斜曲腹，
圈足外撇。灰胎，胎质较细。青黄釉。
内底划雀鸟梅花纹。外底有泥条垫烧痕。
口径 21.2、足径 11.6、高 4.6 厘米。

0   2 厘米

2.51 | 盘

TN01W04②-1：69

残，仅存下腹和底部。斜曲腹，圈足微外撇。灰胎，胎质致密。施透明青釉，釉色青黄。内底周圈有凹弦纹，内划缠枝梅花纹。外底有泥点垫烧痕。足径8.8、残高3厘米。

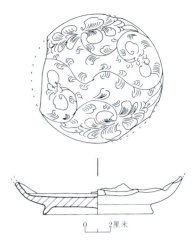

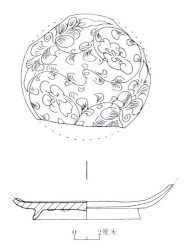

0 ⎯ 2厘米

2.52 | 盘

TN02W05 ③-1-2：50

残，仅存下腹和底部。圈足微外撇。灰
胎，胎质致密。施透明青釉，釉色青黄。
内底周圈有凹弦纹，内划缠枝梅花纹。
外底有泥条垫烧痕。足径 8.6、残高 2.8
厘米。

2.53 | **盘**
TN02W05④-1-2：28

残，仅存下腹和底部。圈足微外撇。灰胎，胎质致密。施透明青釉，釉色青黄。内底周圈有凹弦纹，内划缠枝梅花纹。外底有泥条垫烧痕。足径 9.2、残高 3.1厘米。

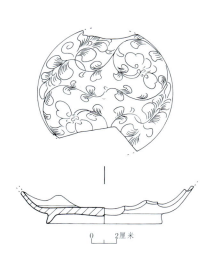

0 ____ 2厘米

2.54 | 盘

TN02W05⑥-2：1

可复原，修复。敞口，斜曲腹，圈足微外撇。灰白胎，胎质较致密。青黄釉。内底划缠枝花卉纹。外底有泥条垫烧痕。口径 20、足径 11.6、高 5.3 厘米。

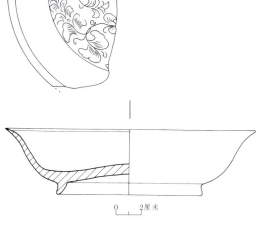

2.55 | 盘

TN01W04②-2：115

残，仅存下腹及底部。圈足微外撇。灰胎，胎质较坚致，底部胎体较厚。施青釉，釉色青黄，近枯艾色。外壁刻仰莲瓣纹，内底戳印双线莲子数枚。外底刻"丁"字。外底有泥条垫烧痕。足径7.6、残高3.3厘米。

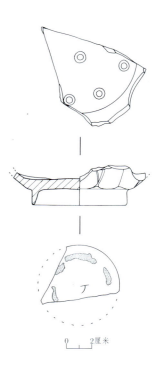

0   2厘米

2.56 盘

TN01W04②-2：116

残，仅存下腹及底部。圈足微外撇。胎色灰白，胎质细腻坚致。施透明青釉，釉色青灰，局部泛黄。外腹刻仰莲纹；内底周圈有凹弦纹，内戳印双线莲子数枚。外底划"丁"字。外底有泥条垫烧痕。足径 8.8、残高 3.6 厘米。

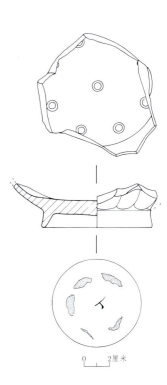

0 ___ 2厘米

2.57 | 盘

TN02W05 ⑦ -1 ：5

残，仅存下腹及底部。隐圈足。灰白胎，
胎质致密。青灰釉。内底划对鹦鹉衔枝
纹。外底有泥条垫烧痕。足径 10.8、
残高 5.5 厘米。

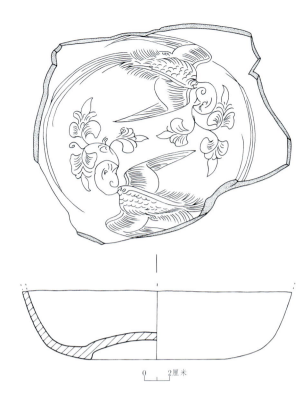

2.58 | 盘

TN02W05 ⑦ -1：6

残，仅存下腹及底部。斜曲腹，隐圈足。
灰白胎，胎质致密。施透明青釉，釉色
青灰泛黄。内底周圈有凹弦纹，内划对
鹦鹉衔枝纹。外底有泥条垫烧痕。足径
12.3、残高 4 厘米。

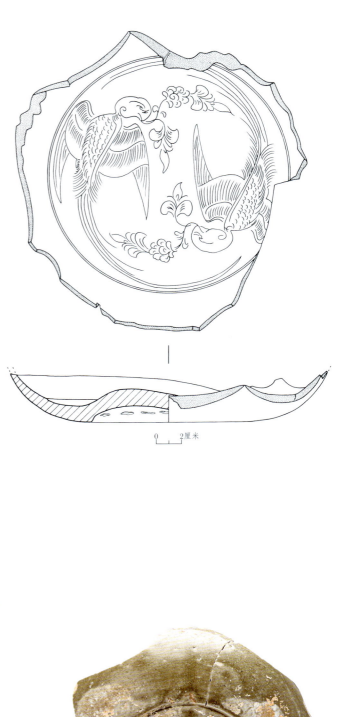

2.59 | 盘

TN02W05⑥-1：19

残，仅存下腹及底部。隐圈足。灰胎，
胎质致密。施透明青釉，釉色青灰，略
带艾色。内底划俯视展开莲花一朵。外
底有泥条垫烧痕。足径9、残高3.7厘米。

碗

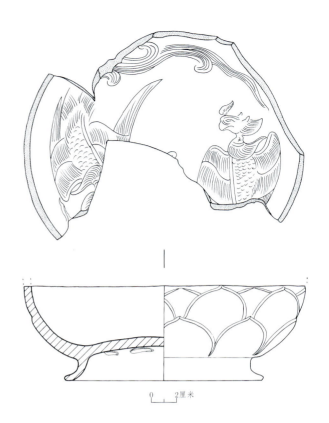

0 ___ 2厘米

1.1 大碗

TN01W04②-1：59

残，仅存下腹至底部。下腹斜曲，圈足外撇。灰胎，胎质较粗。青釉，爆釉。外腹刻仰莲瓣纹，内底划对凤凰纹。外底有泥条垫烧痕。足径 15.8、残高 7.7 厘米。

1.2 | 大碗

TN01W04 ② -2 ∶ 25

可复原。圆唇，敞口，斜曲腹近直，圈足微外撇。
灰胎，胎质致密。施透明青釉，釉色青黄。内
腹口沿下划带状边饰，内底划交枝四叶荷花纹。
外底有泥条垫烧痕。口径 20.6、足径 8.6、高 8.7
厘米。

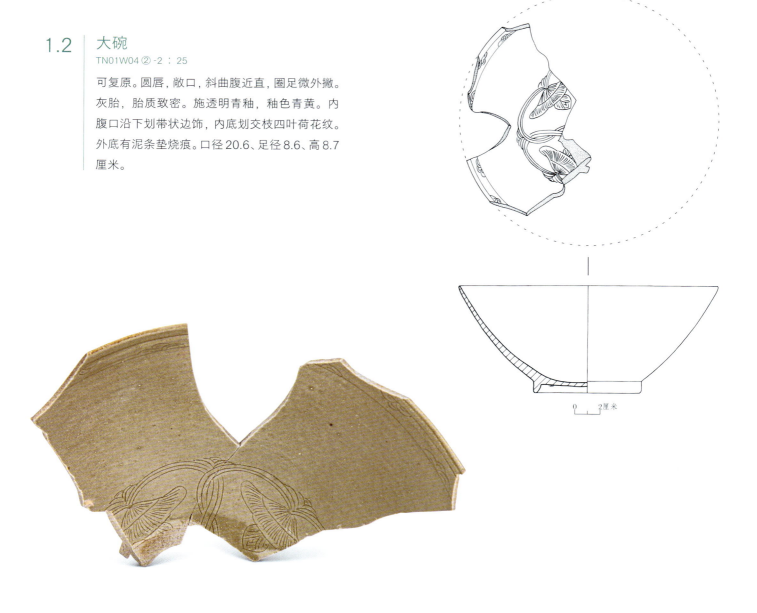

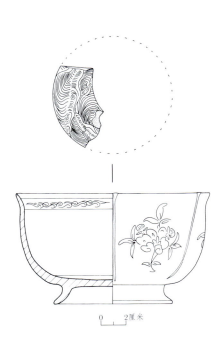

1.3 | **大碗**
TN01W04 ② -2：33

可复原。圆唇，敞口微侈，斜曲腹，圈足外撇。灰白胎，胎质致密。施透明青釉，釉色青灰，略泛黄；口沿有褐色釉，似紫口。外腹呈多瓣瓜棱状，内各划花卉纹一朵；内腹口沿下划带状边饰；内底周圈有凹弦纹，内划海涛纹。外底有泥条垫烧痕。口径 15.4、足径 9.4、高 8.9 厘米。

0 ___ 2厘米

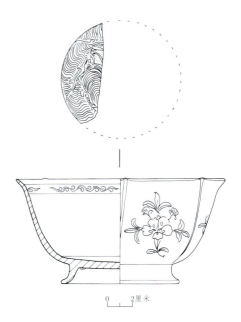

1.4 | 大碗
TN01W04 ② -3 ： 15

可复原。圆唇，敞口微侈，斜曲腹，圈足外撇。灰白胎，胎质致密。施透明青釉，釉色青绿。外腹呈多瓣瓜棱状，内各划花卉纹一朵；内腹口沿下划带状边饰；内底周圈有凹弦纹。外底有泥条垫烧痕。口径 16.6、足径 9.4、高 8.5 厘米。

2.1 | 碗
19 上后采：7

残，仅存下腹及底部。圈足外撇。灰白胎，胎质致密。施透明青釉，釉色青绿。外腹瓜棱纹；内底周圈有凹弦纹，内划海涛纹。外底划"永"字。外底有泥条垫烧痕。足径 9.8、残高 7 厘米。

0　　2厘米

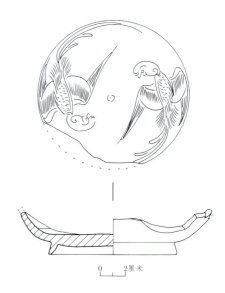

2.2 | 碗

TN02W05 ⑥-1：12

残，仅存下腹及底部。圈足微外撇。灰白胎，胎质致密。施透明青釉，釉色青灰。内底周圈有凹弦纹，内划对鹦鹉纹。外底有泥条垫烧痕。足径 10.2、残高 3.7 厘米。

2.3 碗

TN01W05②-1-2：5

残，仅存下腹及底部。圈足。灰胎，胎质较致密。通体施透明青釉，釉色青黄。内底周圈有凹弦纹，内划对鹦鹉纹。外底有泥条垫烧痕。足径8.6、残高4.1厘米。

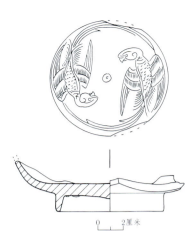

0 — 2厘米

2.4 | **碗**

TN02W05 ⑦-1∶128

残，仅存下腹及底部。圈足。灰白胎，
胎质细腻坚致。通体施透明青釉，釉色
青灰，略带翠色，釉面莹润。内底周圈
有凹弦纹，内划对鹦鹉纹。外底有垫圈
支烧痕。足径 8.6、残高 5.6 厘米。

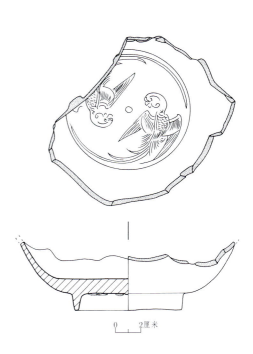

0　　2厘米

2.5 | 碗

TN02W05 ⑧ -1：75

残，仅存下腹及底部。圈足。灰白胎，
胎质致密，胎体薄匀。通体施透明青釉，
釉色青黄，近枯艾色。内底周圈有凹弦
纹，内划对鹦鹉纹。外底有泥条垫烧痕。
足径 8.8、残高 5.3 厘米。

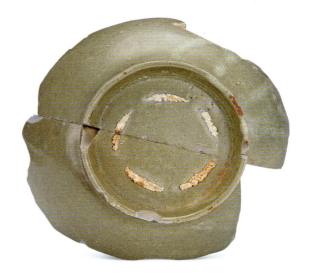

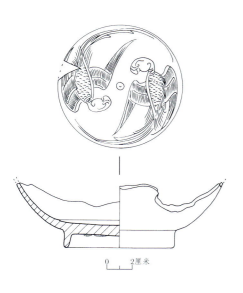

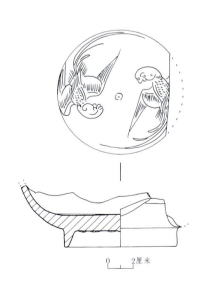

2.6 | **碗**
TN02W05⑧-1：76

残，仅存下腹及底部。圈足。灰黄胎，
胎质较疏松。通体施透明青釉，釉色青
黄。内底周圈有凹弦纹，内划对鹦鹉纹。
外底有泥条垫烧痕。足径9、残高5厘米。

0   2厘米

2.7 碗

TN02W05 ⑧-1：78

残，仅存下腹及底部。圈足。灰白胎，胎质致密。釉色青灰，略带翠色。内底周圈有凹弦纹，内划对鹦鹉纹。外底有泥条垫烧痕。足径 8.8、残高 4.9 厘米。

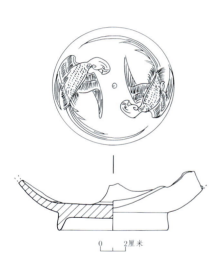

0   2厘米

2.8 | 碗

TN01W04 ② -2：79

残，仅存下腹及底部。圈足微外撇。灰胎，胎质致密。施透明青釉，釉色青黄，近枯艾色，釉面有缩釉现象。内底周圈有凹弦纹，内划对鹦鹉衔枝纹。外底划"子"字。外底有泥条垫烧痕。足径 10.4、残高 3.2 厘米。

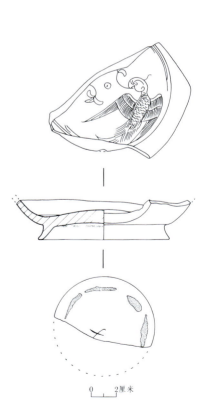

0   2厘米

2.9 碗

TN01W04 ② -2：118

残，仅存下腹及底部。圈足外撇。胎色灰白，胎质致密。施透明青釉，釉色青黄，釉面缩釉。内底周圈有凹弦纹，内划对鹦鹉衔枝纹。外底划"丁"字。外底有泥条垫烧痕一周。足径11.2、残高4.8厘米。

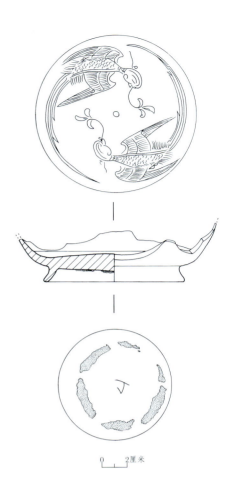

0   2厘米

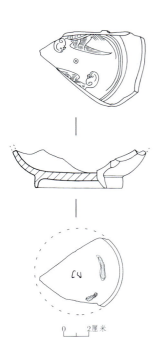

0　　2厘米

2.10 ｜ 碗

TN01W04 ② -1-4 ：115

残，仅存下腹及底部。圈足。灰胎，胎质细腻坚致。施透明青釉。内底划对鹦鹉纹。外底划"己"字。外底有泥条垫烧痕。足径 7、残高 3.1 厘米。

2.11 | 碗

TN01W04②-3：67

残，仅存下腹及底部。圈足。灰胎，胎质细腻坚致。施透明青釉，釉色青黄。外腹刻仰莲瓣纹，内底划对凤凰纹。外底有泥条垫烧痕一周。足径9.2、残高4.2厘米。

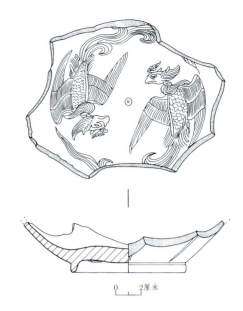

0   2厘米

2.12 | 碗

TN01W04 ② -2：96

残，仅存下腹及底部。圈足外撇。胎色灰，胎质较致密。施透明青釉，釉色青灰，近枯艾色。内底周圈有凹弦纹，内划对凤凰纹。外底划"内"字。外底有泥条垫烧痕。足径 11.2、残高 3.2 厘米。

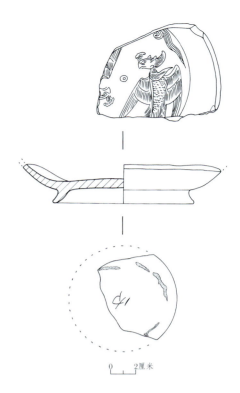

2.13 | 碗

TN01W04②-3：48

残，仅存下腹及底部。圈足。胎色灰白，胎质致密。施透明青釉，釉色青绿，釉面缩釉。内底划对凤凰纹。外底划"内"字。外底粘连一粗瓷质垫圈。足径 6.8、残高 4.9 厘米。

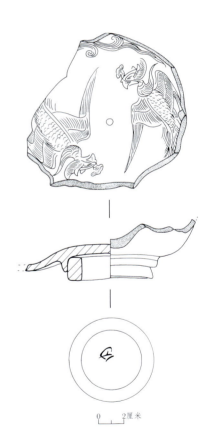

0 2厘米

2.14 | 碗

TN02W05 ⑧ -1：77

残，仅存下腹及底部。圈足。灰黄胎，胎质疏松。通体施透明青釉，釉色青黄。外腹划团花，间饰卷云纹；内底周圈有凹弦纹，内划对凤凰纹。外底有泥条垫烧痕。足径 8、残高 4.5 厘米。

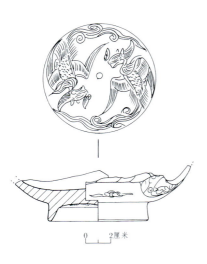

2.15 碗

19上后采：5

残，仅存下腹及底部。圈足。灰黄胎，
胎质致密。施透明青釉，釉色青黄，近
枯艾色。外腹刻仰莲瓣纹，内底划凤纹。
外底划"天"字。外底有泥条垫烧痕。
足径8、残高5厘米。

0   2厘米

2.16 碗

TN01W04②：41

残，仅存下腹及底部。圈足。灰胎，胎质较致密。通体施透明青釉，釉色青灰，略带翠色，釉面有缩釉现象。外腹满划龙纹、缠枝花卉纹，圈足处划单线卷草纹；内底周圈有凹弦纹，内划对凤凰纹，凤纹外饰带状卷草纹一周。外底有泥条垫烧痕。足径 11、残高 5.7 厘米。

2.17 | 碗

TN01W04②-3：37

残，仅存下腹及底部。斜直腹，矮圈足。
胎色灰白，胎质致密。施透明青釉，釉
色青绿。内底划龙纹。外底划"子"字。
外底有泥条垫烧痕。足径 7.6、残高 3.5
厘米。

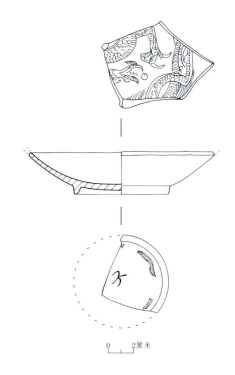

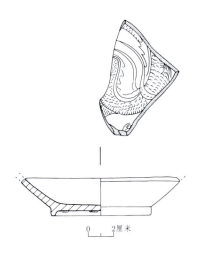

2.18 碗

19 上后采：3

残，仅存下腹及底部。圈足。灰白胎，胎质致密。施透明青釉，釉色青绿。内底划龙纹。外底有泥条垫烧痕。足径 8、残高 3.2 厘米。

0   2厘米

2.19 | 碗

TN02W05⑧-1：129

残，仅存下腹及底部。圈足。灰黄胎，
胎质坚致。通体施釉，釉色青黄。内底
周圈有凹弦纹，内划摩羯水波纹。外底
有泥条垫烧痕。足径8.6、残高4.4厘米。

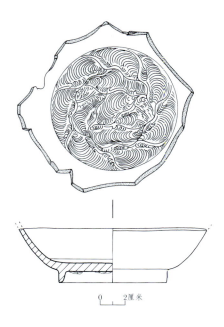

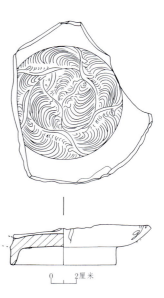

2.20 | 碗

TN01W04②-2：28

残，仅存下腹及底部。圈足。灰胎，胎质较致密。通体施透明青釉，釉色青灰。外腹有划花，仅见局部，纹样不可辨；内底周圈有凹弦纹，内划水波纹。外底有泥条垫烧痕。足径8.4、残高3.3厘米。

0   2厘米

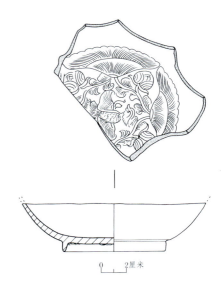

2.21 | 碗

TN01W04②-1：48

残，仅存下腹及底部。圈足。灰白胎，
胎质致密。通体施透明青釉，釉色青灰。
内底划四叶鸳鸯荷花纹。外底有泥条垫
烧痕。足径 8.2、残高 3.9 厘米。

0   2厘米

2.22 | 碗

TN02W05⑦-1：127

残，仅存下腹及底部。圈足。灰胎，胎质细腻
坚致。施透明青釉，釉色青灰，略带翠色，釉
面光洁。内底划四叶鸳鸯荷花纹。外底有泥条
垫烧痕。足径 8.2、残高 4.1 厘米。

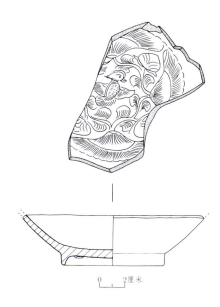

0   2厘米

2.23 | 碗

TN01W04 ① : 6

残，仅存下腹及底部。圈足。胎色灰白，胎质致密。施透明青釉，釉色青灰，近水缥色。外腹刻仰莲瓣纹；内底周圈有凹弦纹，内戳印双线莲子数枚。外底划"上"字。外底有泥条垫烧痕。足径 8.2、残高 4.5 厘米。

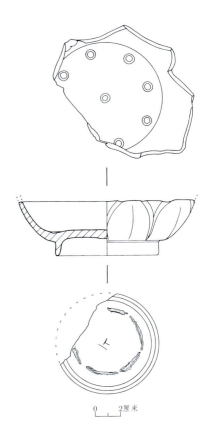

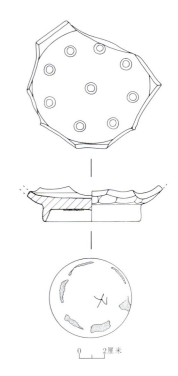

2.24 碗

TN01W04②-2：87

残，仅存下腹及底部。圈足。胎色灰白，胎质致密。施透明青釉，釉色青灰泛黄，近枯艾色。外腹刻仰莲瓣纹，内底戳印双线莲子九枚。外底划"子"字。外底有泥条垫烧痕。足径 7.8、残高 2.9 厘米。

0 2厘米

2.25 | 碗

TN01W04 ② -3 ：12

残，仅存下腹及底部。圈足。灰胎，胎质致密。通体施透明青釉，釉色青黄。外腹刻仰莲瓣纹；内底周圈有凹弦纹，内戳印双线莲子九枚。外底中刻"吉"字，侧旁刻"六"字。外底有泥条垫烧痕。足径9、残高6厘米。

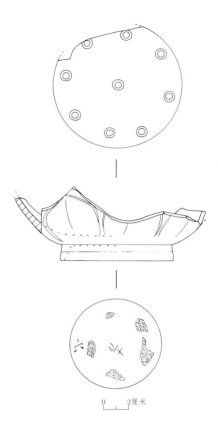

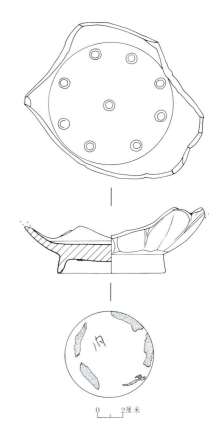

2.26 | 碗

TN01W04 ② -3：13

残，仅存下腹及底部。圈足。灰白胎，胎质致密，足部有横裂纹。通体施透明青釉，釉色青灰。外腹刻仰莲瓣纹；内底周圈有凹弦纹，内戳印双线莲子九枚。外底中刻"内"字。外底有泥条垫烧痕。足径 8.6、残高 5.3 厘米。

2.27 碗

TN01W04②-3：44

残，仅存下腹及底部。圈足。胎色灰白，胎质致密。施透明青釉，釉色青黄。外腹刻仰莲瓣纹，内底戳印双线莲子数枚。外底划"吉"字。外底有泥条垫烧痕。足径9.5、残高5厘米。

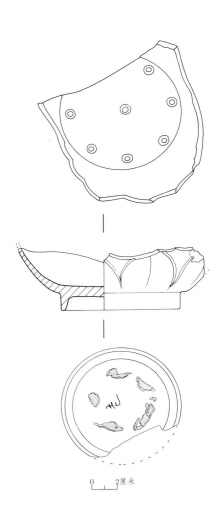

0 —— 2厘米

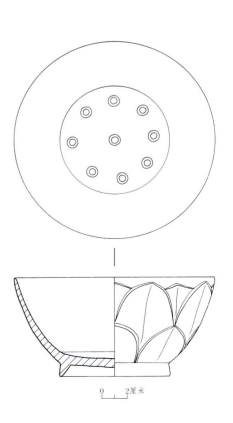

2.28 碗

Y64TS01E03② ：1

可复原，修复。圆唇，敞口，斜曲腹，圈足。
灰白胎，胎质较细。青釉。外腹刻三重仰莲瓣
纹；内底周圈有凹弦纹，内戳印双线莲子九枚。
外底有泥条垫烧痕。口径 16、足径 8.8、高 7.9
厘米。

0   2厘米

2.29 碗

19 上后采：6

残，仅存下腹及底部。圈足。灰白胎，胎质致密。
施透明青釉，釉色青灰，略带翠色。外腹刻仰
莲瓣纹；内底周圈有凹弦纹，内戳印双线莲子
九枚。外底划"永"字。外底有泥条垫烧痕。
足径 8.6、残高 5.2 厘米。

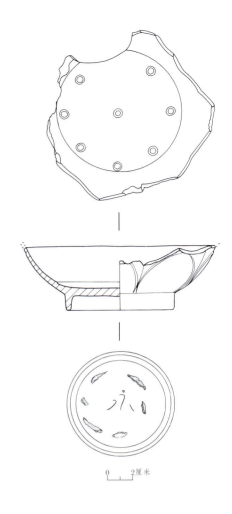

2.30 | 碗

19 上后采：8

可复原。圆唇，敞口，斜曲腹，较深，圈足。灰胎，胎质致密。施透明青釉，釉色青黄，近枯艾色。外腹刻三重仰莲瓣纹；内底周圈有凹弦纹，内戳印双线莲子数枚。外底有泥条垫烧痕。口径18.6、足径9、高8.2厘米。

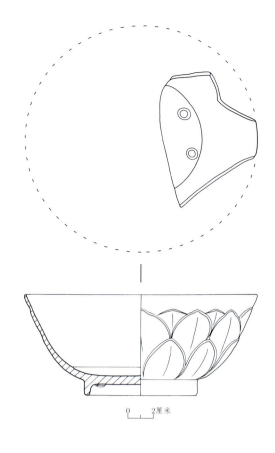

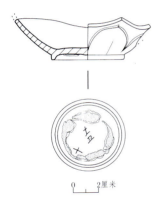

0 ____ 2厘米

2.31 碗

TN01W04②-3：45

残，仅存下腹及底部。矮圈足。胎色灰白，胎质致密。施透明青釉，釉色青灰。外腹刻仰莲瓣纹。外底划"吉""十"二字。外底有泥条垫烧痕。足径5.8、残高3.4厘米。

2.32 | 碗

TN01W05 ② -3-4：9

残，仅存下腹及底部。圈足。灰胎，胎
质致密。通体施透明青釉，釉色青黄。
内底划俯视展开莲花一朵。外底有泥条
垫烧痕。足径 7.8、残高 4.9 厘米。

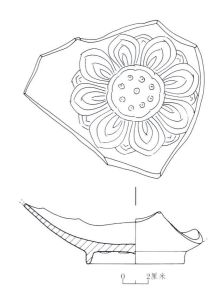

0   2厘米

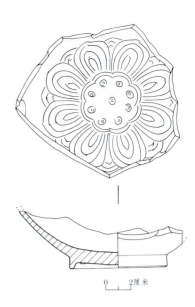

2.33 | 碗

TN01W05④-5-2：7

残，仅存下腹及底部。圈足。灰黄胎，
胎质致密。通体施透明青釉，釉色青黄。
内底划俯视展开莲花一朵。外底有泥条
垫烧痕。足径 7.8、残高 4.8 厘米。

2.34 | 碗

TN01W05 ⑧ : 84

残，仅存下腹及底部。圈足。灰白胎，
胎质致密。通体施透明青釉，釉色青灰。
内底划俯视展开莲花一朵。外底有泥条
垫烧痕。足径 6.4、残高 4.5 厘米。

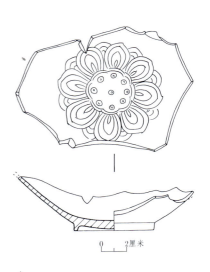

0   2 厘米

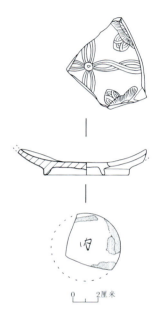

2.35 碗

TN01W04 ② -2：94

残，仅存底部。圈足。胎色灰白，胎质
致密。施透明青釉，釉色青黄，釉面不匀。
内底划四叶交枝荷花纹。外底划"内"字。
外底有泥条垫烧痕。足径6.8、残高2.1
厘米。

0   2厘米

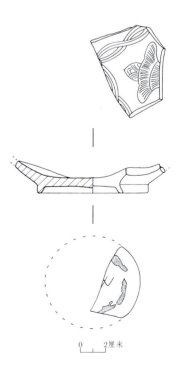

2.36 碗

TN01W04②-2：85

残，仅存下腹及底部。圈足。胎色灰白，胎质致密。施透明青釉，釉色青灰，釉面有玉质感。内底划交枝荷花纹。外底划"子"字。外底有泥条垫烧痕。足径8.8、残高2.3厘米。

0   2厘米

2.37 碗

TN02W05 ⑦ -1：41

残，仅存下腹及底部。圈足外撇。灰白胎，胎质致密，胎体匀薄。施透明青釉，釉色青灰；圈足边缘有褐色釉，似铁足。内底划四叶交枝荷花纹。外底有泥条垫烧痕。足径 10.6、残高 6.8 厘米。

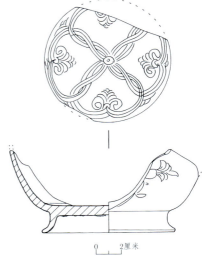

0   2厘米

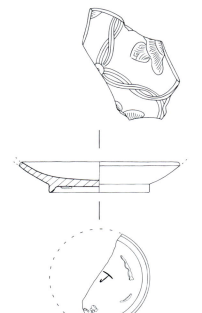

0   2厘米

2.38 | 碗

TN01W04②-3：57

残，仅存下腹及底部。矮圈足。灰胎，
胎质较细腻。釉色青灰，近枯艾色。内
底划交枝荷花纹。外底划"丁"字。外
底有泥条垫烧痕。足径8、残高2.5厘米。

2.39 碗

TN01W05②：10

残，仅存下腹及底部。斜曲腹，圈足。
灰胎，胎质致密。通体施透明青釉，釉
色青黄。内底周圈处有凹弦纹，内划四
叶荷花纹。外底有泥条垫烧痕。足径 7.4、
残高 4.5 厘米。

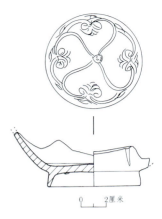

0   2厘米

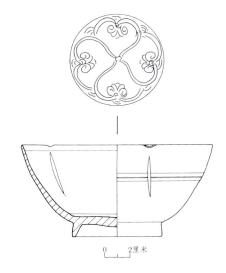

2.40 | 碗

TN01W05 ② -1：11

可复原。四曲花口，斜曲腹较深，圈足。灰胎，胎质致密。通体施透明青釉，釉色青黄。外壁弦纹两圈，对应花口处有瓜棱纹。内底周圈有凹弦纹，内划四叶荷花纹。外底有泥条垫烧痕。口径 15.2、足径 7.2、残高 7.5 厘米。

2.41 | 碗

TN02W05 ③-1-4：14

残，仅存下腹及底部。圈足。灰胎，胎质致密。通体施透明青釉，釉色青黄。内底周圈有凹弦纹，内划四叶荷花纹。外底有泥条垫烧痕。足径 7.4、残高 3.8 厘米。

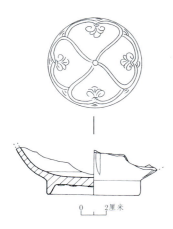

0   2厘米

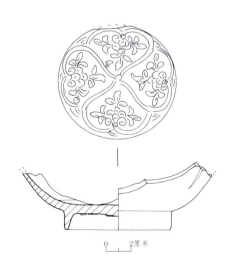

2.42 碗

TN02W05 ③ -1-1：17

残，仅存下腹及底部。圈足。灰黄胎，
胎质致密。通体施透明青釉，釉色青黄。
内底周圈有凹弦纹，内划四叶荷花纹。
外底有泥条垫烧痕。足径 8.4、残高 5.5
厘米。

0   2厘米

2.43 | 碗

TN02W05 ⑦ -1 ： 22

残，仅存下腹及底部。圈足。灰白胎，
胎质致密。通体施透明青釉，釉色青灰。
内底周圈有凹弦纹，内划四叶荷花纹。
外底有泥条垫烧痕。足径 8.2、残高 4.5
厘米。

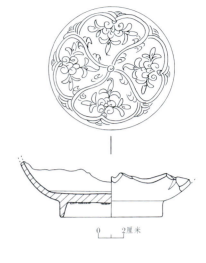

0   2厘米

2.44 | 碗

TN01W04 ② -1 ： 130

残，仅存下腹及底部。斜曲腹，圈足。
灰胎，胎质细腻坚致。施透明青釉，釉
色青黄。内底划双缠枝梅花纹。外底有
泥条垫烧痕一周。足径 6.5、残高 3.9
厘米。

盏

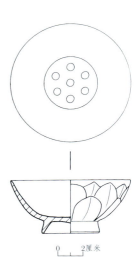

盏

TN02W05 ② -1-9 ： 9

可复原，修复。圆唇，敞口，斜曲腹，圈足外撇。
灰白胎，胎质较粗。青釉，釉色青翠。外腹刻
三重仰莲瓣纹；内底周圈有凹弦纹，内戳印莲
子七枚。外底有泥条垫烧痕。口径 9.6、足径 4.6、
高 4.3 厘米。

盆

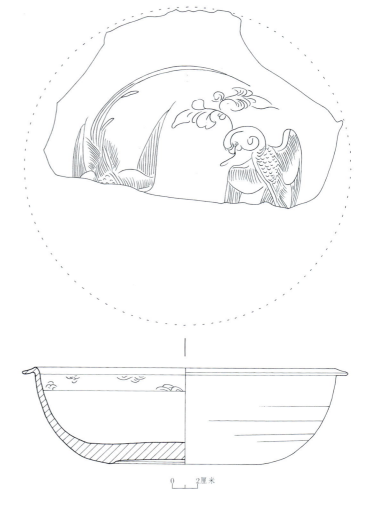

1 | **盆**

TN02W05 ⑦ -1：2

可复原，修复。圆唇，折沿，敞口，斜
曲腹，隐圈足。灰白胎。青黄釉。内底
划对鹦鹉衔枝纹。外底有泥条垫烧痕。
口径 25.8、足径 11.8、高 7.9 厘米。

0   2厘米

2 | 盆

TN02W05⑥-1：25

可复原。圆唇，折沿，敞口，斜曲腹，隐圈足。
浅灰白胎，有细小气泡。满釉，釉色青绿。
内腹近口沿处划带状卷草纹，内底划对凤凰
纹。外底粘连一粗陶质垫圈。口径 31.6、通高
15.8 厘米。

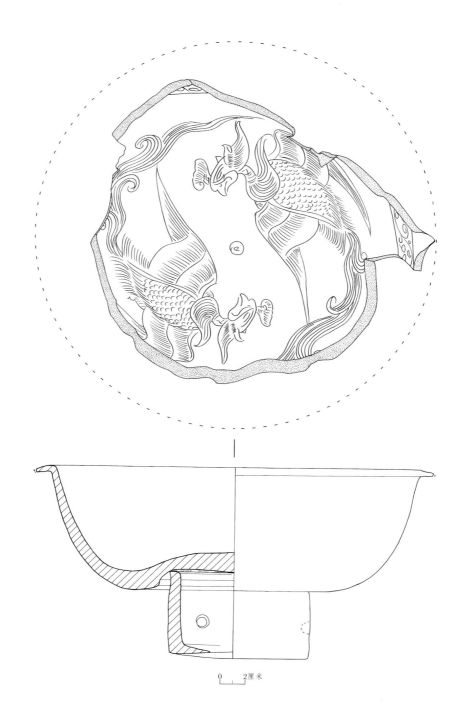

0   2厘米

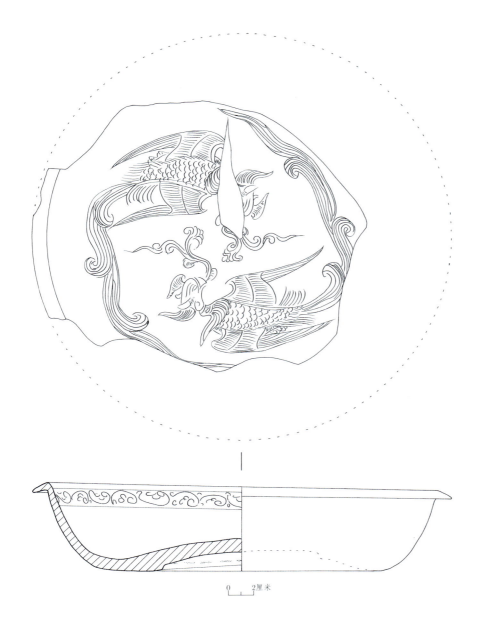

3 | 盆
TN02W05 ⑧ -1：1

可复原，修复。圆唇，折沿，敞口，斜
曲腹，隐圈足。灰白胎。青釉。内底划
对凤凰纹。外底有泥条状垫烧痕。口径
33.2、足径 12.8、高 7.3 厘米。

4 | 盆

19 上后采：14

残，仅存口沿及上腹部。圆唇，折沿，
敞口，斜曲腹。灰白胎，胎质致密。施
透明青釉，釉色青灰，略带翠色。外腹
刻三重仰莲瓣纹，内底划凤纹。外壁有
窑渣。口径 30、残高 8.2 厘米。

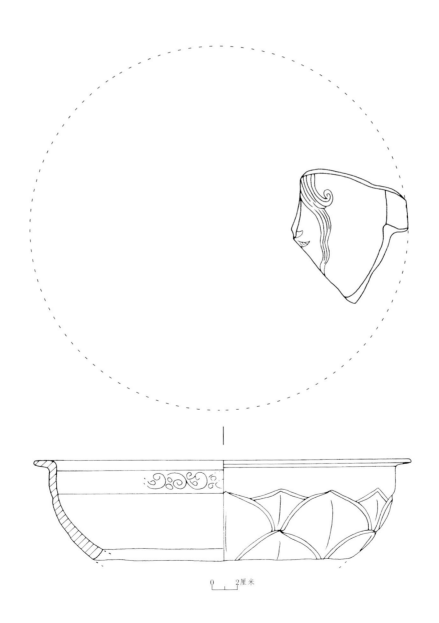

0   2厘米

炉

炉

TN01W04 ② ：112

残，失口部。平折沿，筒形腹较深，下置兽形足。灰胎，胎质较粗。青釉。外腹有多圈凹弦纹及细线划花纹饰。残高17.8厘米。

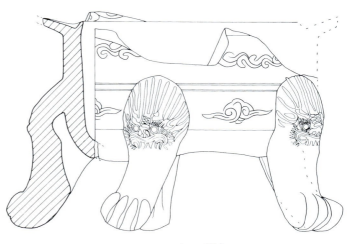

0   2厘米

罐

1 | 罐
TN01W04 ② -2 ： 122

残，仅存下腹及底部。曲腹，圈足。胎色灰白，胎质细腻，底部胎体较厚。施透明青釉，釉色青绿，近艾色，釉面莹润。外壁划花，仅见云纹一朵。外底划"丁"字。外底有泥条垫烧痕。足径 8、残高 3.6 厘米。

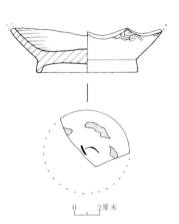

2 | 罐

TN01W05 ② -1：17

可复原。圆唇，敛口，瓜棱形腹，圈足
微外撇。灰胎。釉色青黄。外腹近口沿
处刻凹弦线；腹部饰凹棱，划折枝花
纹。内底有垫烧痕。口径 8.2、最大腹
径 12.8、足径 7、高 9.8 厘米。

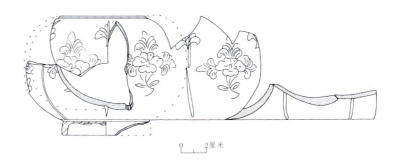

0   2厘米

3 | 罐

TN02W05 ① ：7

残，仅存罐腹局部。灰白胎，胎质细腻
致密。外壁施透明青釉，色青绿；内壁
不施釉。外壁刻龙纹，以细线划其轮廓，
以细点状其毛皮，精致生动。残高 6.7、
残长 10.8 厘米。

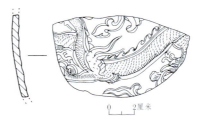

4 罐

TN02W05 ① ：8

残。方唇，直口，束颈，鼓腹，圈足外撇。
胎色灰白，胎质细腻。施透明青釉，釉
色青绿，釉面莹润。外腹刻三重莲瓣纹。
外底有泥条垫烧痕。口径 10、足径 8.4、
高 7.5 厘米。

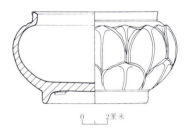

0   2厘米

唾壺

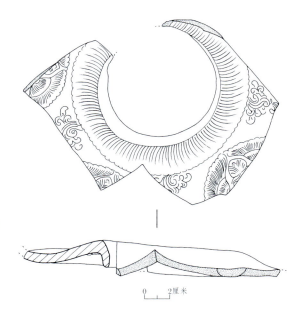

1 | 唾壺

TN01W04② : 52

残，仅存壶口局部。灰胎，釉色青灰。盘口内划缠枝莲荷纹。颈部有一圈拼接痕。残高 2.9 厘米。

0　2厘米

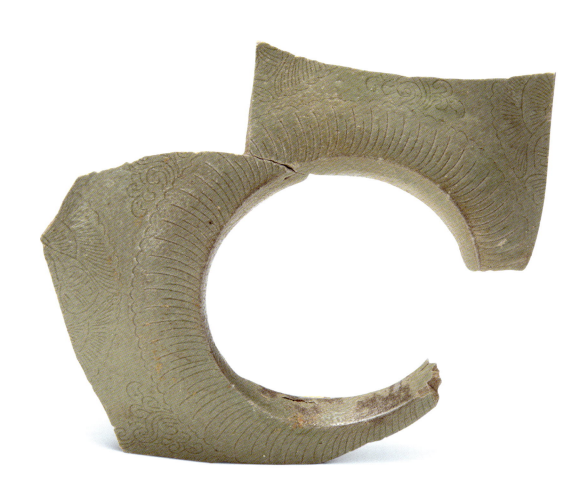

2 | 唾壶

TN01W04 ②-1：51

残，仅存壶口局部。灰胎。釉色青灰。
盘口内划缠枝莲荷纹。外壁粘连瓷片。
残高 5.8 厘米。

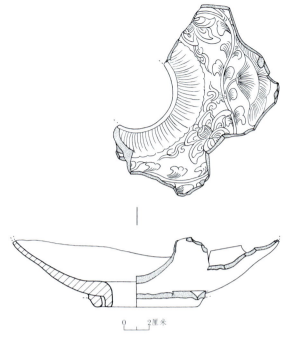

3 | 唾壶

TN01W04②-2：127

残，仅存口沿局部。圆唇，直口。灰白胎，胎质细腻。施透明青釉，釉色青黄。内腹划四叶鸳鸯荷花纹，团花状间隔分布，间饰卷云纹，上下对应。口径25、残高7.7厘米。

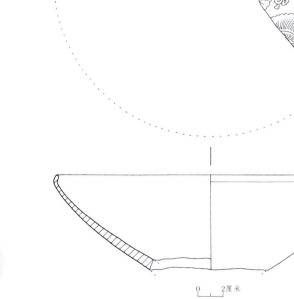

0   2厘米

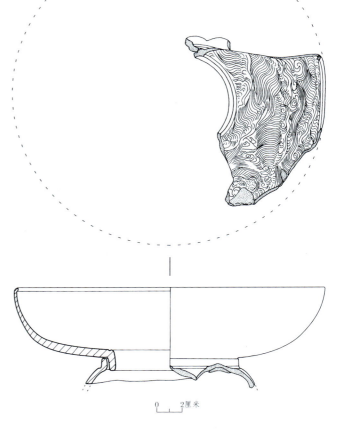

4 | 唾壶

TN01W04 ② -3 ：14

残，仅存口沿局部。大盘口，圆唇凸起。
灰白胎，釉色青灰。盘口内划海涛纹。
盘口与壶身相接处可见拼接工艺。口径
24.8、残高 8.2 厘米。

0   2厘米

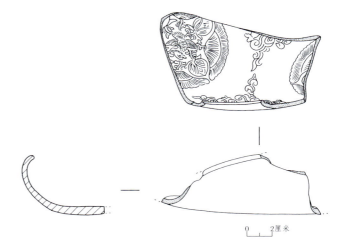

5 | 唾壶

19 上后采：19

残，仅存口沿局部。敞口，圆唇内卷。灰胎，胎质细腻。施透明青釉，釉色青黄。内腹划四叶鸳鸯荷花纹，团花状间隔分布，间饰卷云纹，上下对应。残高4.9 厘米。

盒

1.1 套盒

TN01W04②：85

残，仅存中部大半。生烧，灰胎。上下各有一周凸棱；外壁压凹棱，印四环绶带纹并镂空。底部边缘有垫烧痕。上径15.4、下径15.8、高5.7厘米。

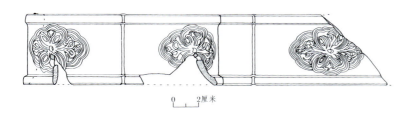

0 　2厘米

1.2 套盒

TN01W04 ② -1：91

残，仅存中部小半。灰胎。釉色青绿。
上下各有一周凸棱；外壁压凹棱，印四
环绶带纹并镂空。底部边缘有垫烧痕。
上径 17、下径 18、高 5.4 厘米。

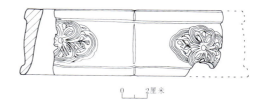

0   2厘米

1.3 | 套盒
TN01W04 ② -3 : 20

残。花瓣形，子母口，委角，浅斜腹，圈足。浅灰白胎。釉色青灰。口沿划带状花叶纹。内壁划缠枝花鸟纹。上下各有一周凸棱，外壁压凹棱，每面镂一个壸门，划缠枝莲花纹。足端有多个泥点垫烧痕。残长 18.1、高 10 厘米。

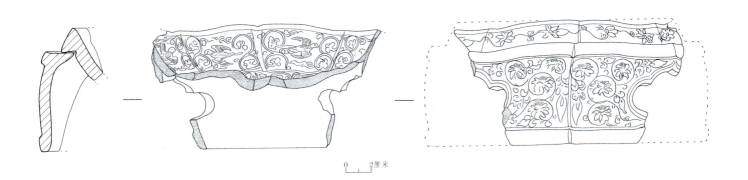

0   2厘米

1.4 套盒

19 上后采：20

仅存上部。直口，四曲花口，内腹作四曲花口盘状，斜直腹，平底。灰白胎，胎质致密。施透明青釉，釉色青黄，近枯艾色。直口外壁划带状卷草纹，曲口处划草叶纹；内壁腹部划带状花纹，以花朵状纹样作地，间开圆窗，内划双雁纹，曲口下划草叶纹；内底以双线分区，中作菱形，四边稍内弧，菱形中以细线花朵为地开圆框，内划卷草地双雁纹，菱形四边与内底周圈间隔处各划一凤鸟纹。内腹及内底装饰构图和谐，划花繁缛精致。口径 18.6、底径 14、残高 3.9 厘米。

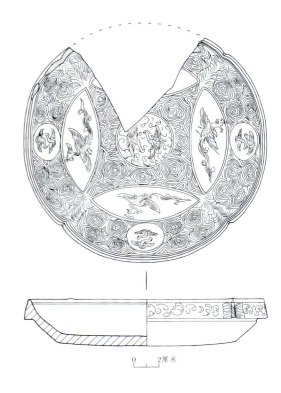

0   2厘米

1.5 套盒

TN01W04 ② -3：22

残。整体呈多边形，圈足外撇。浅灰白胎。釉色青灰。外壁和圈足均以凸棱为界划开光缠枝大雁纹；内底划凤纹，并沿凤纹外围划卷草纹。外底有泥点垫烧痕。残长9.7、残高6.1厘米。

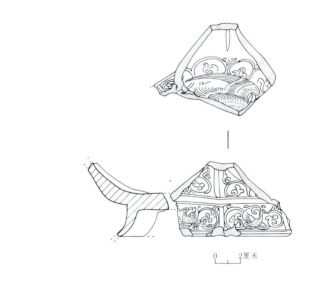

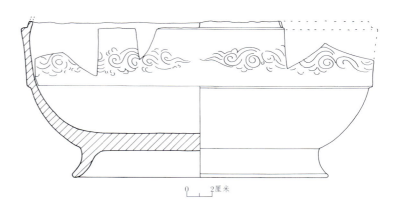

2.1 | 盒

TN01W05④-3-2：11

残，失口部。子母口。子口微敛，上腹较直，下腹弧收，圈足外撇。浅灰白胎。釉色青绿。上下腹之间有一周凹弧，上腹外壁划卷云纹。口沿外侧有多个泥点垫烧痕。足径 20.2、残高 12.8 厘米。

盏托

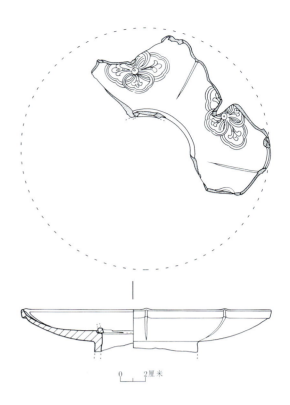

1 | 盏托

TN01W04 ② : 53

残，仅存口沿局部。花瓣形宽沿，圆唇凸起。灰白胎。釉色青灰。宽沿上饰凸棱，棱间划四环绶带纹。口径 19.8、残高 3.5 厘米。

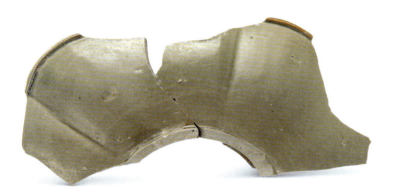

2 | 盏托

TN01W04②-1：116

残，仅存底部。圈足微外撇。灰胎，胎质致密。
施透明青釉，釉色青灰。圈足外壁划带状卷草
纹；内腹上划带状水波纹，下划放射状直线纹；
内底周圈有凹弦纹一周。外底划"内"字。外
底有泥条垫烧痕。残高 2.6 厘米。

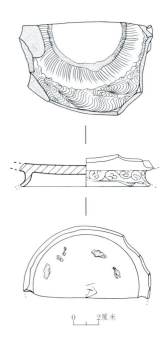

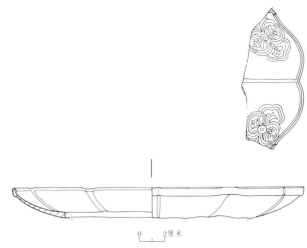

3 | 盏托

19 上后采：21

残，仅存口沿局部。外缘折成直口，带曲，呈
花瓣形，面微上鼓，沿曲口处有凹棱。内缘圆
唇起棱，带曲，面沿曲口处微上凸。灰白胎，
胎质致密。施透明青釉，釉色青灰。口沿内腹
间饰四环绶带纹，外壁光素。口径 23、残高 2.5
厘米。

壶

1 | 执壶

19 上后采：1

残，仅存口部及腹部。直口，圆鼓腹。灰白胎，胎质致密，胎体匀薄。施透明青釉，釉色青灰。壶身划宴乐人物图，间划云纹和仙山造型，上部划带状重线卷云纹；直口外壁划单线卷云纹。残高 8.1 厘米。

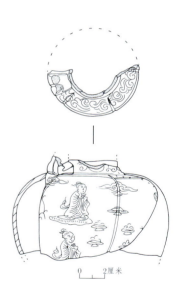

0   2厘米

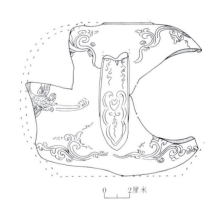

0 ___ 2厘米

2 | 执壶

TN01W04 ② -2-2 ： 37

残，仅存壶腹局部。鼓腹较圆，扁条形把。浅
灰白胎。釉色青灰。腹上部与下部均划卷云纹，
中部划飞鹤纹。残把划卷云纹。残高 12.5 厘米。

3 | 壶

TN01W04 ② -2-5：36

残，仅存下腹及底部。腹部向下内收，圈足。
灰胎。满釉，釉色青中泛黄。腹部饰凹棱六道，
下腹部划小草、重山等。外底有泥条垫烧痕。
底径 7.6、残高 4.5 厘米。

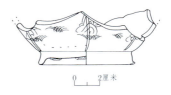

4 | 壶

TN01W05 ② -1 ： 20

残，仅存肩部。葫芦形流。灰胎。内壁
不施釉，釉色青绿。肩部上下均有凸棱，
肩部刻划云凤纹，具有浅浮雕般的立体
感。残高 4.2 厘米。

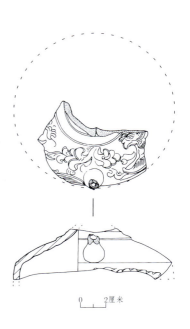

0   2厘米

5 | 壶

TN01W04 ② -2：35

残，仅存口沿及颈肩局部。圆唇，直口，短粗
直颈，折肩。浅灰白胎。釉色青绿。颈肩部刻
一道凹弦纹，颈部划带状卷草纹，肩部划束云
纹。口径 6.4、残高 8.8 厘米。

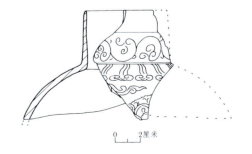

0　　2厘米

6 | 壶
19 上后采 : 2

残，仅存口部及肩部。直口。灰胎偏黄，
胎质致密。施透明青釉，釉色青灰，略
带翠色。直口外壁划带状单线卷云纹。
口径 7、残高 6.5 厘米。

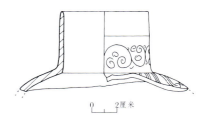

0   2厘米

熏炉盖

1 | **熏炉盖**
TN01W04② : 80

残，仅存盖沿及盖面局部。整体呈半球形高隆，
方唇。浅灰白胎。釉色青灰。盖顶划开光花卉纹，
盖面划花卉纹，均沿线条内廓镂空；外壁近口
沿处划弦纹一周。口沿刮釉，有泥点垫烧痕。
口径 22、残高 10.2 厘米。

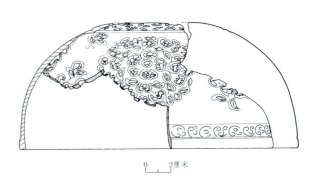

0 ___ 2 厘米

2 | 熏炉盖

TN01W05 ④-5-2：5

残。整体呈钟形，盖缘斜折后折直成母口。灰白色胎。釉色青黄。盖面划花卉纹，并沿线条内廓镂空；盖缘刻多道凹弦线；外壁近口沿处划带状卷云纹，肩部划带状直线纹。口沿有垫烧痕。残高 10.1 厘米。

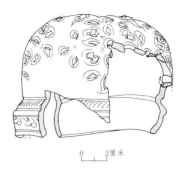

0 2厘米

3 | 熏炉盖

TN01W04②-1：90

残，仅存盖面局部，纽缺失。灰黄色胎。
釉色青黄。盖面划花卉纹，并沿线条内
廓镂空。残高 3.2 厘米。

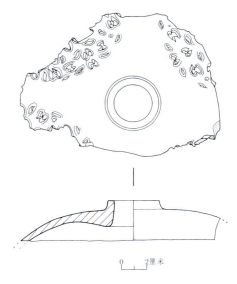

盖

1.1 盒盖
TN02W05 ⑧ ： 46

可复原。整体呈拱形，盖缘折直成母口，方唇。
灰胎。釉色青灰。盖面刻两道凹弦纹，内划对
凤凰纹，外划卷云纹；盖面和盖缘之间有凹弦
纹一周，盖缘划卷云纹。口径26、残高9.9厘米。

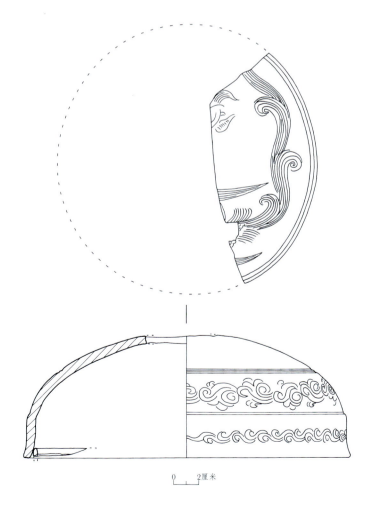

0   2厘米

1.2 | 盒盖
19 上后采：16

可复原。盖缘折直成母口，盖面微鼓。灰白胎，胎质致密。施透明青釉，釉色青黄，近枯艾色。盖面周圈有凹弦纹一周，内划对蝶纹。口沿有泥点垫烧痕。口径 14.4、高 3.5 厘米。

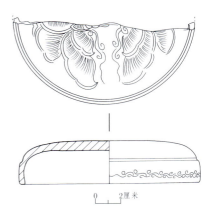

0 2厘米

1.3 盒盖

TN01W04 ② ：27

残，仅存盖面与盒身口沿部位。子母口。盖面较平，因变形而下凹，盖缘折直。灰胎。釉色青黄。盖面刻凹弦纹两周，内划对蝶纹与缠枝花纹。盖口径 13、高 1.3 厘米，盒身口径 12 厘米，通残高 2.3 厘米。

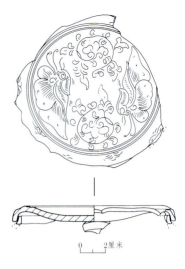

0   2厘米

1.4 盒盖

TN01W04 ② ：25

残。子母口。盖面，可辨小平顶，有一圈隆起，盖缘折直成母口，方唇。浅灰白胎。釉色青灰。盖面刻三重覆莲纹，莲瓣中间饰凸筋，立体感强；盖面和盖缘之间有一周凹弧。口沿处有多个泥点垫烧痕。口径23、顶径10.4、高7.5厘米。

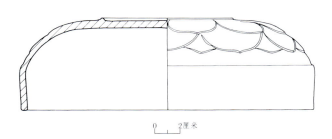

0   2厘米

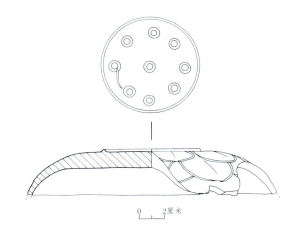

0   2厘米

1.5 | 盒盖
TN01W04②-2：14

残。子母口。盖面呈小平顶微下凹，有一圈隆起。浅灰白胎。釉色青绿。小平顶内戳印双线莲子九枚，沿小平顶外缘刻三重覆莲纹，莲瓣中间饰凸筋，立体感强。顶径 7.8、残高 3.7 厘米。

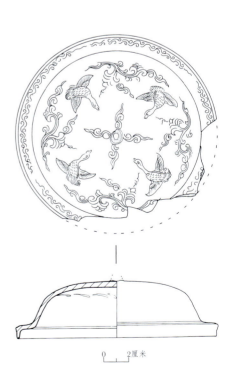

2.1 器盖

TN01W04②-1：24

可复原，盖纽及口沿局部残失。盖面隆起，整体呈馒首形，盖缘渐平后下弧，尖圆唇。灰黄色胎。满釉，釉色青黄。盖面划云纹和大雁纹，盖缘平沿上划卷云纹一周。内壁有细长条状垫烧痕一圈。口径 16、残高 4.6 厘米。

0   2厘米

2.2 器盖

Y64TS01E02④-1-2：3

可复原，修复。盖面隆起，顶部置一瓜蒂形纽，整体呈馒首形，盖缘渐平后下弧，尖圆唇。灰黄色胎。满釉，釉色青黄。盖面划云纹和雀鸟纹，盖缘平沿上划卷云纹一周。内壁有细长条状垫烧痕一圈。口径14、高4.7厘米。

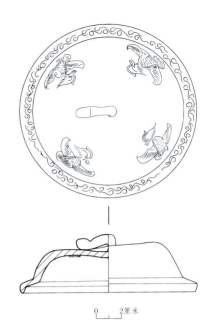

2.3 器盖

TN01W04②-2：17

残，仅存部分口沿及盖面。盖面微隆，盖缘渐平后下弧，方唇。浅灰白胎。釉色青灰。盖面刻双重覆莲纹，莲瓣中间饰凸筋，立体感强。口径 14、残高 4.3 厘米。

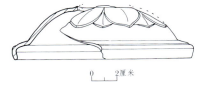

0   2厘米

2.4 | 器盖

TN01W05 ② -3-6：16

盖纽及口沿局部残失。应为执壶盖。盖面高隆，顶部较平，盖缘折平后下折成母口，尖圆唇。灰胎。釉色青黄。盖顶划束云纹一周，下划带状线纹，盖缘近口沿处划带状卷云纹。口径5.3、残高 4.35 厘米。

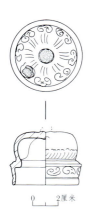

0   2厘米

钵

1 | 钵

TN01W04 ② -2：47

残，仅存下腹及底部。隐圈足。灰黄胎，胎质
致密。施透明青釉，釉色青黄。外腹刻重瓣仰
莲瓣纹；内底周圈有凹弦纹，内划对凤凰纹。
外底划"辛"字。外底有泥条垫烧痕。底径9.2、
残高4.6厘米。

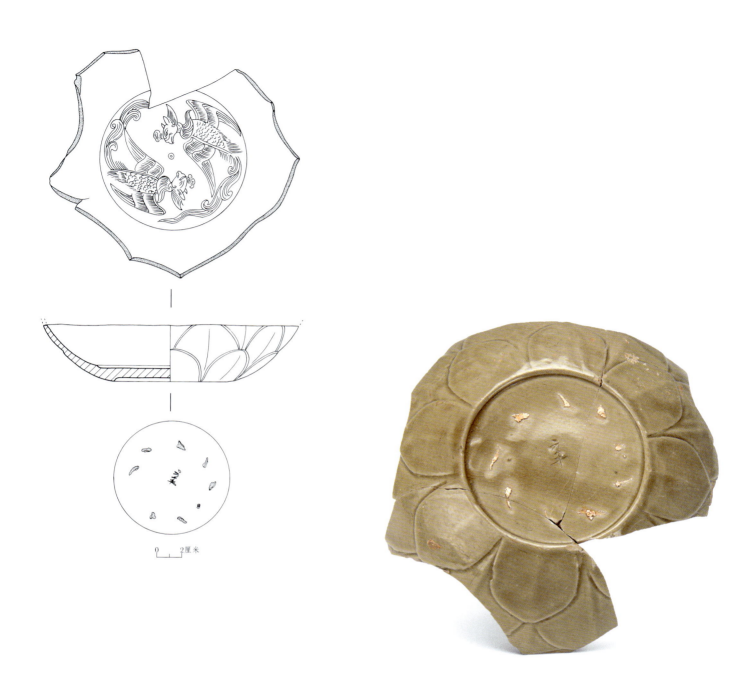

0 ____ 2厘米

钵 223

2 | 钵

TN01W04②-2：2

残，仅存口沿及上腹部。圆唇，敛口，斜曲腹。灰胎。釉色青黄。外腹刻三重仰莲瓣纹，莲瓣中间饰凸筋，立体感强；内腹近口沿处划带状卷云纹。口径20、残高 7.2 厘米。

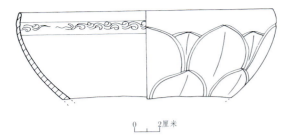

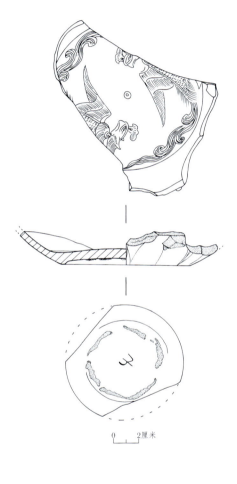

3 | 钵

TN01W04②-2：84

残，仅存下腹及底部。隐圈足。胎色灰白，胎质致密。施透明青釉，釉色青灰，略带艾色。外腹刻仰莲瓣纹；内底周圈有凹弦纹，内划对凤凰纹。外底划弦纹，内划"子"字。外底有一圈泥条垫烧痕。底径 10、残高 2.8 厘米。

瓶

TN01W04 ② -2：34

残，仅存颈肩局部。束颈，溜肩。浅灰
白胎。釉色青灰。肩腹之间刻两道凹弦
纹，颈部划折枝花卉纹，腹部划缠枝花
卉纹。残高 8.4 厘米。

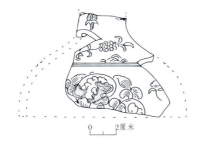

0   2厘米

塤

1 鸟形塤

TN01W05④-2-5：2

尾局部残失。整体捏塑小鸟形，作向左俯首状，平底，中空。全身划羽毛纹。前腹与左右下腹部各镂一个圆孔。灰胎。釉色青黄。底部刮釉，有垫烧痕。残高5.1厘米。

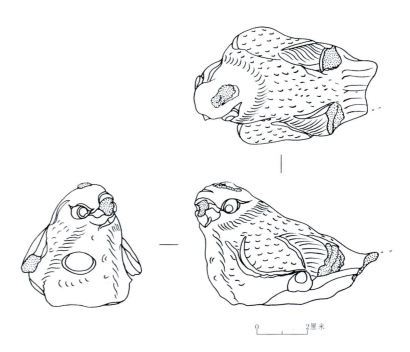

0 ____ 2厘米

2 | 鸟形埙

TN02W05 ② -4：7

可复原，头、尾局部残失。整体捏塑小鸟形，
作昂首向左凝视状，平底，中空。全身划羽毛纹。
前腹与左右下腹部各镂一个圆孔。灰胎。釉色
青灰。底部刮釉，有垫烧痕。高 5.6 厘米。

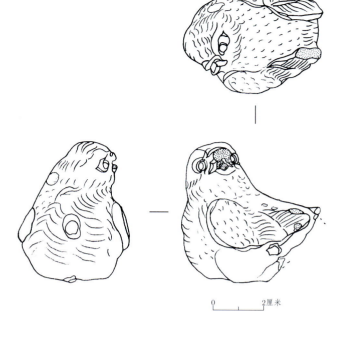

0　　　　2厘米

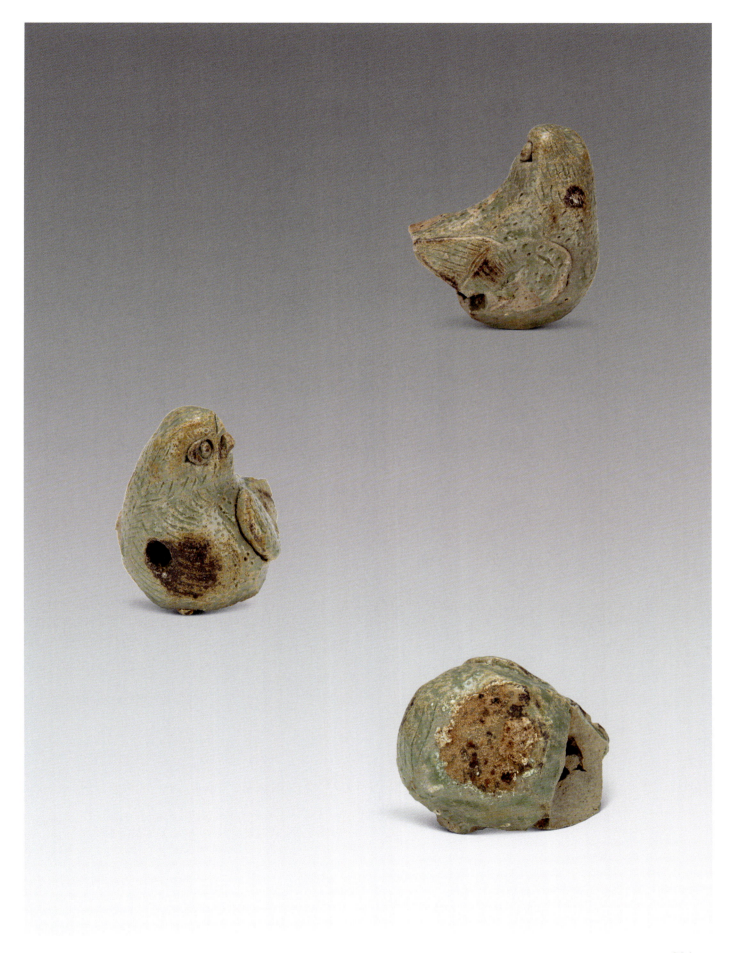

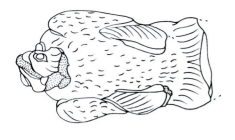

3 | 鸭形埙

TN01W05④-2-5:3

头、尾局部残失。整体捏塑小鸭形，作向右俯首状，平底，中空。翅膀与腹背划羽毛纹。前腹与左右下腹部各镂一个圆孔。灰胎。釉色青灰。底部刮釉，有垫烧痕。残高5.3厘米。

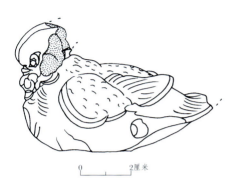

0   2厘米

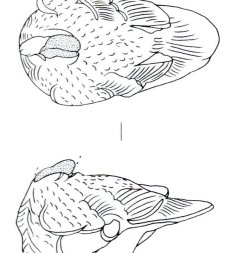

4 | 鸭形埙

TN02W05②-2：13

头部缺失。整体捏塑小鸭形，平底，中空。翅膀与腹背划羽毛纹。前腹与左右下腹部各镂一个圆孔。灰胎。釉色青灰。底部刮釉，有垫烧痕。残高4.5厘米。

0　　　　2厘米

水盂

水盂

TN01W05④-5：1

残，仅存下腹及底部。鼓腹，圈足微外撇。灰胎。釉色青黄。腹部刻多重仰莲瓣纹，莲瓣中间饰凸筋，立体感强。外底有一圈垫烧痕。足径 9、残高 9.3 厘米。

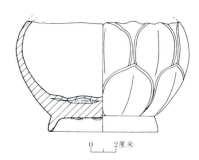

0   2厘米

后　记

作为浙江省文物考古研究所越窑考古研究课题的重要一环，同时配合考古遗址公园建设与世界文化遗产申报，浙江省文物考古研究所与慈溪市文物管理委员会制定了《上林湖越窑遗址 2014—2018 年考古工作计划》，并于 2014 年 6 月获国家文物局批准。该工作计划将上林湖越窑遗址的年代、分期、范围布局等问题作为研究重点，拟通过对荷花芯、后司岙等窑址的继续深入考古发掘，完善上林湖越窑遗址考古遗存的时空框架，进一步探讨越窑瓷业发生、发展、兴盛、衰落的过程，并探究其内在原因，增进对遗产价值的认识。

2015 年 11 月至 2017 年 12 月，浙江省文物考古研究所和慈溪市文物管理委员会办公室联合对上林湖后司岙窑址（陆地）进行了主动性考古发掘，其中 2015 年至 2016 年的发掘工作主要是针对唐五代时期的窑业遗存，2017 年的发掘工作主要是针对北宋早期的窑业遗存。凭借上述考古发掘成果，慈溪上林湖后司岙唐五代秘色瓷窑址考古发掘荣获"2016 年度全国十大考古新发现"，2019 年成功申请国家社科基金青年项目"浙江慈溪上林湖后司岙窑址发掘资料整理与研究"，2022 年又荣获"新时代浙江考古十大发现"。

在发掘的同时，考古队也对出土遗物进行了整理。《秘色越器——上林湖后司岙窑址出土唐五代秘色瓷器》图录汇集了 2015 年至 2016 年的考古发掘成果，已于 2017 年出版。2019 年后，上林湖越窑野外考古发掘工作暂时告一段落，随即转入考古资料整理过程中。限于其他区域考古任务的不确定性，上林湖后司岙窑址整理工作时断时续。本图录的编撰即为考古资料整理的成果之一，主要汇集了后司岙窑址北宋早期的瓷器精品。与晚唐五代时期的秘色瓷追求造型与釉色相比，北宋早期的越窑开始追求纹样装饰，流行细线划花装饰技法，呈现出不同的时代风尚。

在后司岙窑址发掘过程中，对于文化层较厚的地层，我们一般将其再分成几个小层进行发掘，每一小层均另行编号，采集与记录标本则按九宫格法进行。例如大盘 TN01W05 ④-3-2：30，即表示 TN01W05 探方第④文化层第 3 工作小层的第 30 号标本，出土于第 2 格中。已出版的《秘色越器》及本图录均沿用此编号。

本图录的出版得到了各级领导、专家和同事们的关心与支持。在此向所有关心、支持、参与上林湖后司岙窑址考古发掘及图录编撰出版的领导、专家和同事们表示衷心的感谢。

编　者
2023 年 2 月